Georg Erwin Thaller

Viren, Würmer und Trojanische Pferde

Die größten Hackerangriffe

Andere Bücher vom gleichen Autor

Technik & Gesellschaft

- ➢ Raumhäfen: Unser Weg ins All
- ➢ MANHATTAN-PROJEKT: Der Bau der US-Atombombe
- ➢ Cyber War: Die unsichtbare Front
- ➢ Silicon Valley
- ➢ Kommunikations- und TV-Satelliten
- ➢ Satelliten im Erdorbit
- ➢ Katastrophen
- ➢ Spione und Patrioten: Die US-Geheimdienste
- ➢ Chiffren: Die geheimen Nachrichten
- ➢ FBI: Die US-Bundes-polizei
- ➢ Leibwächter: Der Secret Service
- ➢ Hoch gepokert: Der Kennedy-Clan
- ➢ Piraten, Schrecken der Meere

Neue Technologie

- ➢ Spionageflugzeuge: Von der U-2 zu Drohnen
- ➢ Spionagesatelliten: Unsere Augen im All
- ➢ Raketen: Von der V-2 zur Saturn
- ➢ Von Sputnik zu Buran: Die russische Raumfahrt

Kriminalromane

Die Hofdamen

1. London sehen und bleiben
2. Der Tod eines Prinzen
3. Die Nützlichkeit eines toten Prinzen
4. Der Ritterschlag
5. Der Tod einer Wäscherin
6. Eine Katze fällt immer auf die Beine
7. Die Katze von Abydos
8. Stille Tage im schottischen Hochland
9. Diskrete Geschäfte
10. Fünf kleine Negerlein
11. Ich hatte ein Hotel in Afrika
12. Ich hatte ein Stück Land in Kenia
13. Ein hartnäckiger Gegner
14. Ein Mann für Olivia
15. Die Blaue Mauritius
16. Formel 0.5
17. Totgesagte leben länger
18. Die Himmelsscheibe von Stonehenge
19. Müll und andere Geschäfte
20. Eine Hochzeit und drei Beerdigungen
21. Schatzsucher
22. Ein mächtiger Gegner

„*I am a HAL 9000 computer, production number 3. I became operational at the HAL plant in Urbana, Illinois, on January 12, 1997*".

2001: A Space Odyssey

Inhaltsverzeichnis

1 Techniken und Methoden

The methodology used should be based on the choice of the latest and best, and not based on ignorance. It should also be laced liberally with the old and dependable.

Harlan Mills

Viren und Würmer, Trojanische Pferde und Denial of Service-Attacken sind inzwischen Begriffe, die einem breiten Publikum bekannt sind. Weil damit der eigene PC oder ein Netzwerk angegriffen werden kann, sind Gefahren und Risiken damit verbunden.

Dennoch gibt es gewisse Unterschiede. Sie beziehen sich auf die Technik der Angreifer, die Konstruktion der Schadprogramme, die Datenträger zu ihrer Verbreitung und ihr zerstörerisches Potential. Es kann sich auch lohnen, nach den Motiven der Leute zu fragen, die derartige Software in Umlauf bringen.

Was die Begriffe Viren und Würmer betrifft, so werden sie oft austauschbar gebraucht. Das ist jedoch nicht der Fall. Ein Virenprogramm und ein Wurm unterscheiden sich in ihrem Verhalten grundsätzlich voneinander.

- Ein Virus enthält direkt ausführbaren Code, der auf dem infizierten Computer sofort ausgeführt werden kann.
- Ein Wurm enthält Quellcode, der auf dem Zielrechner zunächst mit einem geeigneten Compiler übersetzt werden muss. Erst im zweiten Schritt kann dieses Programm ausgeführt werden.

Damit wird klar, dass sich der Entwickler eines Virenprogramms nicht dafür interessieren wird, Software für ein eher exotisches Betriebssystem zu schreiben. Er wird sich vielmehr auf ein übliches und weit verbreitetes Betriebssystem konzentrieren. Das war in den vergangenen Jahren Microsofts MS-DOS und Windows.

Ein Wurmprogramm hingegen ist so konstruiert, dass damit einer Vielzahl unterschiedlicher Rechner angegriffen werden kann. Es führt den Quellcode mit, muss allerdings auf dem angegriffenen Computer erst übersetzt werden. Hat dieser Rechner keinen geeigneten Compiler, oder ist dieser unter einem Namen zu finden, den der Angreifer nicht erwartet hat, dann läuft der Wurm ins Leere und kann keinen Schaden anrichten.

Wenden wir uns zunächst der vielleicht wichtigsten Schad-Software, den Viren, zu.

1.1 Virenprogramme

Viren infizieren die Software eines Computers in ähnlicher Weise, wie dies biologische Viren mit dem Immunsystem des menschlichen Körpers tun. Sie nutzen dabei Schwachstellen der Hardware, des Betriebssystems, von Utilities oder Anwenderprogrammen, um die Kontrolle über den Computer zu erlangen.

Sie waren in den ersten Jahren ihres Auftretens [1] nicht immer bösartig, hatten aber von Anfang an das Potential, Schaden anzurichten.

Doch lassen sie uns zunächst die Eigenschaften von biologischen und Computerviren miteinander vergleichen. Dazu eine kleine Tabelle:

Biologischer Virus	Computervirus

Attackiert bestimmte Körperzellen	Attackiert bestimmte Programme oder das Betriebssystem
Modifiziert den genetischen Inhalt der Zelle in nicht vorhergesehener Weise	Manipuliert ein legitimes Programm eines Anwenders oder das Betriebssystem
Neue Viren werden in der befallenen Zelle produziert	Das infizierte Programm erzeugt neue Virenprogramme
Eine infizierte Zelle wird durch einen Virus nur einmal infiziert	Die meisten Viren greifen bereits infizierte Computer nicht erneut an
Ein infizierter Organismus zeigt manchmal für lange Zeit kein Anzeichen der Krankheit	Das infizierte Computersystem arbeitet unter Umständen lange Zeit fehlerfrei
Nicht alle Körperzellen werden durch den Virus angegriffen	Programme können gegen den Angriff durch bestimmte Viren geschützt werden (Schutzimpfung)
Viren können Mutationen bilden und sind daher schwer zu identifizieren	Manche Virenprogramme verändern sich nach der Infektion

Tabelle 1-1: Vergleich zwischen biologischen und Computerviren [1]

Aus den Eigenschaften der Viren können wir schließen, welches zerstörerische Potential solche Programme besitzen. Lassen Sie uns also zu einer Definition von Viren schreiten. Ein Virenprogramm muss die folgenden Fähigkeiten besitzen:

- Modifikation anderer Programme durch die Technik, sich an diese Programme zu binden
- Fähigkeit, Modifikationen an einer Reihe anderer Programme durchzuführen

- Fähigkeit, bereits früher modifizierte, darunter auch infizierte, Software zu erkennen
- Fähigkeit, bereits infizierte Programme nicht erneut anzugreifen
- Möglichkeit, die oben beschriebenen Fähigkeiten auch zu vererben.

Erfüllt ein Computerprogramm diese Forderungen nicht, dann ist es im strikten Sinn kein Virus. Wir sollten uns jedoch darüber im Klaren sein, dass die Begriffe oft durcheinandergeworfen werden, und manchmal wird ein Wurmprogramm auch als ein Virenprogramm bezeichnet.

Bei den ersten bekannt gewordenen Virenprogrammen handelte es sich oftmals um Boot-Viren. In den Jahren, als der PC von IBM, die Lisa von Apple und Ataris 1040 um die Gunst der Käufer buhlten, mussten sich diese Hersteller auf wenigstens einen kleinen gemeinsamen Nenner einigen, damit die Datenträger von allen Betriebssystemen gelesen und verstanden werden konnten. Das geschah in der Form einer einheitlichen Auslegung für die Spur Null einer Diskette oder Floppy Disk. Das ist die äußerste Spur dieses Datenträgers. Dieses Format enthielt auch eine Information darüber, ob die Diskette ein Betriebssystem, ein Anwendungsprogramm oder schlicht Daten enthielt. Das war der sogenannte *Boot Sector*.

Bei IBMs Betriebssystem für den PC, und auch bei MS-DOS, wurde das erste externe Laufwerk mit dem Buchstaben *a:* bezeichnet. Das zweite Laufwerk bekam folglich den Buchstaben *b:* zugewiesen. Die interne Festplatte trägt bis heute die Bezeichnung *c*.

Obwohl das Betriebssystem eines PC bald auf der Festplatte eine dauerhafte Heimat fand und nicht jedes Mal neu geladen werden musste, behielt es die Gewohnheit bei, beim Hochfahren zunächst einmal auf der Diskette nachzusehen, ob dort ein Betriebssystem darauf wartete, geladen zu werden. Diese Option konnte durch den Benutzer außer Kraft gesetzt werden. Die wenigsten Anwender taten es allerdings.

Der *Boot Sector* stellte also ein Einfallstor für Viren dar, weil er beim Hochfahren des PCs immer zuerst gelesen wurde. Am berühmtesten unter den frühen Viren wurde der *Pakistani Brain Virus.*

Dieses Programm wurde von zwei Brüdern, Amjad Farooq Alvi und Basit Farooq Alvi, in Lahore, Pakistan, geschaffen. Sie machten sich gar keine Mühe, die Herkunft dieses Virus geheim zu halten. Ihre Adresse und Telefonnummer ist in jeder Kopie des Programms enthalten, wenngleich in verschlüsselter Form. Noch heute gilt dieser Virus unter Fachleuten als eine sehr gekonnte Arbeit.

Die etwas verworrene Logik dieser Brüder aus Pakistan war wie folgt: In einem Land der Dritten Welt, eben ihrer Heimat Pakistan, gilt für Computerprogramme kein Urheberschutz und kein Copyright. Ganz anders in den USA. Dort sind illegale Kopien von Programmen strikt verboten, und Verletzungen des Copyrights werden verfolgt. Unter den Kunden der beiden Brüder waren auch viele Amerikaner. An diese Besucher Pakistans verkauften sie Raubkopien damals populärer Programme wie Lotus 1-2-3, Wordstar und WordPerfect.

Es versteht sich, dass die Preise entsprechend niedrig waren, und die beiden Unternehmer machten ein gutes Geschäft mit ihren Kunden aus den Vereinigten Staaten. So ganz gönnten die Pakistani den amerikanischen Studenten die billige Software allerdings wohl nicht. Die Disketten waren mit dem Virus verseucht.

Anders dagegen war die Behandlung der örtlichen Kundschaft aus Lahore. Sie bekamen zwar auch Raubkopien, allerdings ohne den Virus

Viren, Würmer und Trojanische Pferde

Weil die Software bei den beiden Brüdern so billig zu haben war, sprach sich die Adresse bei den Amerikanern in Lahore bald herum, und das Geschäft blühte. Die Folgen sollten sich zeigen.

Zurück in ihrer Heimat machten die amerikanischen Kunden der beiden cleveren Brüder in Pakistan weitere Raubkopien ihrer ohnehin sehr billig erworbenen Software und gaben diese Disketten an ihre Freunde und Bekannten weiter. Bald waren viele PCs infiziert. Der Virus befand sich sogar in einem Bulletin Board und konnte von jedermann heruntergeladen werden.

Niemand vermutete jedoch zunächst einen Virus als Ausfallursache für die Laufwerke der betroffenen Computer.

Erst als sich ein begabter Programmierer, Peter Scheidler, daran machte, die mysteriösen Vorfälle zu untersuchen, kam Licht ins Dunkel. Zwar übersah auch er zunächst ein auffallendes Merkmal dieses Virus, die geänderte Copyright-Notiz, auf der Diskette. Dieser Eintrag lautet bei den infizierten Disketten nämlich *(c) Brain*. Aber solche Einträge überliest man nach einiger Zeit aus lauter Routine.

Das Virusprogramm verändert den *Boot Sector*, also die Spur Null der Systemdiskette. Es kopiert das eigentlich für das Hochfahren des Computers benötigte Programm auf einen anderen freien Sektor und okkupiert den Sektor Null selbst. Damit bekommt das Virenprogramm beim Einschalten des Computers und Starten des Betriebssystems zunächst einmal die Kontrolle über die Maschine.

Da das normale Boot-Programm etwas später trotzdem ausgeführt wird, blieb das Vorhandensein des Virus dem Anwender verborgen. Noch dazu versteckten die beiden Brüder aus Pakistan Teile ihres Programms auf Sektoren, die sie als zerstört kennzeichneten. Solche Sektoren werden vom Betriebssystem nach dem Formatieren niemals mehr

11

verwendet. Nur durch Neuformatieren kann ein dort ge-speichertes Programm überschrieben werden.

Der Virus hatte also die Kontrolle über das Betriebssystem, und er war gut verborgen und fast nicht aufzufinden.

Weil der Brain- oder Pakistani-Virus seine Ausbreitung und Vermehrung mittels des *Boot Sectors* von Systemdisketten durchführte, werden solche Viren auch als Systemviren be-zeichnet. Dies steht im Gegensatz zu Programmviren, die zu ihrer Verbreitung ausführbare Programme benötigen.

Obwohl das Betriebssystem längst nicht mehr von einer Diskette gelesen wird, hat diese Technik zum Verbreiten von Schad-Software im 21. Jahrhundert erneut Bedeutung erlangt. Der sogenannte Stuxnet-Virus wurde über Memory Sticks verbreitet, also einen externen Speicher. Weil das Betriebssystem dabei keine große Vorsicht walten lässt, konnte dieses Programm bei einer eng begrenzten Zahl bestimmter Applikationen erheblichen Schaden anrichten.

1.2 Der Computerwurm

Die hinter der Entstehung von Würmern steckende Geschichte ist durchaus nachvollziehbar. In den 1970er und 1980er Jahren wurden in großen Organisationen, aber auch Universitäten, eine Vielzahl unterschiedlicher Geräte angeschafft und über ein Netzwerk miteinander verbunden. Das war in der Regel das Ethernet.

Diese Hardware, also Computer, PCs, Drucker, Plotter, Festplatten oder andere Schnittstellen, waren für den Systemverwalter insofern ein Problem, weil er nicht zwingend verlässliche Informationen darüber besaß. Trotzdem verlangten seine Kunden, die Anwender, dass er ihre Geräte in das Netzwerk integrierte, und zwar rasch. Deshalb suchte mancher System-Operator nach einem Weg, diese Geräte in sein System aufzunehmen, ohne jedes Mal einen unter Umständen langen Weg über den Campus zurückzulegen zu müssen, und am Ende oftmals vor der verschlossenen Tür eines Instituts zu stehen.

Wurmprogramme sollten also dazu dienen, neu hinzu gekommene Hardware in einem Netzwerk zu identifizieren, notwendige Systemprogramme automatisch zu installieren und diese Geräte für das Netz und die Anwender nutzbar zu machen.

Diese Absicht war durchaus ehrenwert und hätte dazu dienen können, dem Verwalter eines Netzwerks viel Arbeit und lange Wege zu ersparen. Leider konnten die dazu notwendigen Techniken, Utilities und Programme auch eingesetzt werden, um fremde Rechner zu übernehmen.

Wie wir im zweiten Abschnitt sehen werden.

1.3 Trojanische Pferde

Der Ausdruck Trojanisches Pferd geht zurück auf den Krieg, den die Griechen im Altertum mit dem Stadtstaat Troja geführt haben. Troja lag in Kleinasien, der heutigen Türkei. Nachdem die Kämpfer der Griechen die Verteidiger Trojas trotz monatelanger Kämpfe nicht besiegen konnten, entschloss man sich zu einer List.

Traditionelles Trojanisches Pferd

Eine Gruppe bewaffneter Kämpfer der griechischen Belagerer versteckten sich im Bauch eines hölzernen Pferdes, das vor den Mauern der Stadt zurückgelassen wurde. Das griechische Heer zog sich scheinbar zurück.

Die Trojaner betrachteten das Pferd als ein Geschenk der unterlegenen Armee und zogen es in die Stadt. In der Nacht schlüpften die Krieger aus dessen Bauch und öffneten die Tore der Stadt. Troja wurde zerstört.

Bei einem Trojanischen Pferd im modernen Sinne handelt es sich also um ein Programm, das unter falscher Flagge segelt, das vorgibt, etwas zu sein, was nicht zutrifft.

Das kann so weit gehen, dass ein im Internet umsonst angebotenes Programm zur Bekämpfung eines Virus selbst ein Virenprogramm ist. Eine harmlose E-Mail von einer Frau namens Antje, die man im Urlaub auf Mallorca kennengelernt hat – oder auch nicht – kann dazu führen, dass beim Öffnen dieser Mail ein Virus seine unheilvolle Arbeit beginnt.

Ein in großen Umfang publizierter Fall ereignete sich vor einigen Jahren im US-Bundesstaat Texas. Da das Virusfieber in der Presse im Jahr 1988, drei Jahre nach der eigentlichen Tat, einen Höhepunkt erreicht hatte, genoss der Fall Donald Gene Burleson erhebliche Aufmerksamkeit. Jedoch aus den falschen Gründen: Es handelte sich nicht um einen Virus, sondern um ein Trojanisches Pferd, eine logische Bombe und auch Zeitdiebstahl.

Donald G. Burleson arbeitete im Jahr 1985 als Systemprogrammierer und Sicherheitsbeauftragter für eine Versicherungsagentur in Texas. Einige seiner Kollegen beschrieben ihn als einen brillanten Programmierer.

Offensichtlich war er ein Anhänger von Irwin Schiff. Dieser Mann wiederum glaubt, dass die Einkommensteuer in den USA nicht mit der Verfassung im Einklang steht und daher widerrechtlich einbehalten wird. Burlesons Arbeitgeber gewann nun im Laufe der Zeit die Überzeugung, dass sein Computer dazu benutzt wurde, um den Kreuzzug zur Abschaffung der Einkommensteuer zu fördern. Weil die Benutzung des Computers für diesen Zweck nicht im Interesse des Unternehmens lag, wurde Donald Gene Burleson gekündigt.

Sein letzter Arbeitstag war der 18. September 1985, ein Donnerstag.

Am darauffolgenden Samstag, den 21. September 1985, hatten die Benutzer des Computers einige Schwierigkeiten. Routinefunktionen konnten nicht mehr aufgerufen werden, und die Privilegien verschiedener Benutzer waren geändert worden. Diese kleinen Ärgernisse eskalierten bald. Schließlich wurde entdeckt, dass 168 000 Sätze einer Kundendatei gelöscht worden waren.

Die Wiederherstellung der Kundendatei aus Sicherungskopien verschlang das gesamte Wochenende. Dabei wurde auch entdeckt, dass sich um 3 Uhr morgens an diesem Samstagmorgen ein Unbekannter sich in das IBM System/38 eingeloggt hatte. Die Angestellten waren darüber verwundert, denn das Gebäude war während der Nacht abgesperrt, und niemand hätte Zugang zu ihrem Rechner haben sollen.

Doch die Krise war noch nicht vorüber. Als sich am darauffolgenden Montag die ersten Benutzer in das System /38 einloggten, stürzte die Maschine nach etwa zehn Minuten Betriebszeit ab. Die Analyse des Vorfalls zeigte, dass Donald G. Burleson offensichtlich ein Programm geschrieben hatte, das die IBM/38 ausschaltete, wenn eine bestimmte Datei gelesen wurde. Dieses Programm trug das Datum vom 3. September 1985, also etwa drei Wochen vor dem Ausscheiden des Systemprogrammierers. Ein weiteres Programm mit demselben Erstellungsdatum las einen bestimmten Adressbereich. Fand es nicht einen vorher bestimmten Wert, dann würde es nach einem Zufallsprinzip zwei Sektoren auf der Magnetplatte des Rechners löschen. Nach dieser zerstörerischen Tat würde das Programm seinen Namen ändern, um seine Anwesenheit zu verbergen, und sich einen Monat lang ruhig verhalten. Dann würde es erneut versuchen,

Dateien zu löschen.

Dieses zweite Programm, eine Zeitbombe, war zum Glück noch nicht aktiv gewesen, als es entdeckt wurde.

Es kostete zwei weitere Tage, um diese Programme zu löschen und das Betriebssystem mit einer unverfälschten Kopie direkt von IBM neu zu generieren. Dann begann die Suche nach dem Schuldigen.

Alle Indizien deuteten auf Donald G. Burleson. Zwar hatte er versucht, seine Spuren zu verwischen. Da er jedoch Systemprogrammierer mit hohen Privilegien im Betriebssystem und gleichzeitig Sicherheitsbeauftragter gewesen war, konnte ihm der Zugang zum Gelände seines ehemaligen Arbeitgebers mit Hilfe eines Nachschlüssels nicht schwergefallen sein. Das Account des entlassenen Angestellten war unmittelbar nach seinem Ausscheiden gelöscht worden. Dies konnte Donald Gene Burleson jedoch durch das Anlegen weiterer Accounts unter fiktivem Namen leicht umgehen. Damit hatte er noch vor seinem letzten Arbeitstag alle Vorbereitungen getroffen, um sich an seiner ehemaligen Firma zu rächen.

Donald G. Burleson trug zu seinem eigenen Verderben bei, indem er die Firma USPA wegen nicht berechtigter Abzüge von seinem letzten Gehalt verklagte. Daraufhin erhob USPA Gegenklage und verlangte die Summe, nämlich 120 00 Dollar, die das Wiederherstellen der Funktionsfähigkeit ihres Computers verschlungen hatte.

Noch dazu hatte Texas gerade zu dieser Zeit die gesetzliche Grundlage zur Verfolgung von Straftaten mit Computern verbessert. Der Fall wurde zudem von einem jungen Staatsanwalt bearbeitet, dessen Gattin als Systemanalytikerin für General Dynamics arbeitete.

Donald Gene Burleson fand bei den Geschworenen wenig Sympathie. Er wurde zu einer Gefängnisstrafe von sieben Jahren auf Bewährung und einer Geldstrafe von 11 800 Dollar verurteilt.

Trojanische Pferde, oftmals kurz Trojaner genannt, können in vielerlei Form auftreten. Oft verstecken sie sich hinter scheinbar harmlosen Routinen, die in jedem Betriebssystem gebraucht werden. Auch Batch-Dateien können ein Einfallstor darstellen, weil sie bei der Ausführung interpretiert werden, also keinen Binärcode darstellen. Wird in einer solchen Datei eine Zeile geändert, fällt das den Anwendern unter Umständen gar nicht auf.

1.4 Denial of Service

Die Wirtschaft soll dem Menschen dienen, nicht der Mensch der Wirtschaft.

Konrad Adenauer

Bei Denial of Service-Attacken wird ein Computer oder Server so mit Anfragen oder Aufgaben überschwemmt, dass er durch die schiere Last zusammenbricht, also keine sinnvolle Arbeit mehr leisten kann.

Eine besondere Form stellt DDOS dar, also Distributed Denial of Service. Dazu werden für die Angriffe vorher gekaperte Rechner eingesetzt, sogenannte *Bots*. Dabei handelt es sich um eine Abkürzung des Worts Robot.

Weil für die Angriffe Hunderte vorher in Besitz gebrachter fremder Rechner eingesetzt werden können, sind Angriffe in der Form von DDOS sehr effektiv. Wenn es sich um ein kleines Land handelt und dessen Operatoren auf einen Angriff nicht vorbereitet sind, können die Server dieses Staates für Tage und Wochen nicht erreichbar sein.

Ein solcher Angriff kann das Leben der Bürger massiv beeinträchtigen. Es kann durchaus vorkommen, dass keiner der Bankautomaten mehr funktionsfähig ist, mithin kein Bargeld abgehoben werden kann.

1.5 Andere Vorgehensweisen

Es gibt viele Möglichkeiten, ein Computersystem, einen Server, ein Netzwerk oder Software zu schädigen. Einige von ihnen sind uralt und werden in leicht modifizierter Form bei der neuen Technik angewandt. Andere dagegen sind neu hinzugekommen.

Sehen wir uns einige dieser schmutzigen Tricks an:

1. Diebstahl der Identität
2. Leakage
3. Piggybacking
4. Data Diddling
5. Zeitdiebstahl
6. Salamitaktik
7. Zeitbomben
8. Superzapping
9. Scavenging
10. Trapdoors

Wer sich in einem Computersystem unter der Identität eines anderen Nutzers einloggt, stiehlt im Grunde dessen ID. Bei großen Computern in Rechenzentren von IBM und DEC war es üblich, dass der Wartungstechniker den Namen *System* benutzte. Als Passwort wählte er konsequenterweise *Operator*.

Wer das wusste, der konnte sich unter dieser ID in das System einloggen und hatte zusätzliche weit höhere Privilegien als ein normaler Anwender. Er konnte eigene *Accounts* anlegen und bestimmte Einstellungen verändern.

Bei *Leakage* verschafft sich der Täter Zugriff auf Materialien, die als Abfall betrachtet werden. Etwa Unterlagen von einer Lebensversicherung, die falsch adressiert waren. Oder nicht vernichtete Akten von Strafverfolgungsbehörden. Damit ist der Erpressung Tür und Tor geöffnet.

Piggybacking in seiner physikalischen Form kann bedeuten, mit einem Programmierer in das Rechenzentrum zu gehen, zu dem ein Fremder gar keinen Zutritt hat. Oder folgen Sie einfach der Putzfrau.

Die Methode lässt sich auch anwenden, in dem man ein

eigenes Terminal einsetzt, wo das Gerät eines berechtigten Mitarbeiters stehen sollte. So lange für das System die Schnittstelle stimmt, kann dies durchaus funktionieren.

Bei Datenveränderung oder *Data Diddling* wird ein Computer getäuscht. Er wird vielfach nur eine bestimmte kodierte Nachricht lesen, etwa auf einem Scheckvordruck. Stimmen diese Angaben, wird eine Auszahlung veranlasst. Würde man die erste Zeile auf dem Scheck lesen, könnte es sich herausstellen, dass dieser für einen anderen Empfänger bestimmt war.

Zeitdiebstahl kann vorliegen, wenn ein Operator in einem Rechenzentrum die Maschine verwendet, um die Abrechnung für seinen Sportverein zu erstellen. Oder eine Vorhersage zu den Lottozahlen zu machen.

Bei der Salamitaktik geht es oft um relativ kleine Beträge, die aber in der Summe zu einem erklecklichen Betrug führen können. Beliebt ist sie im Bereich der Banken.

Zeitbomben sind bösartige Programme, die erst nach Monaten oder Jahren Unheil anrichten werden. Es kann sich auch um einen bestimmten Stichtag handeln. Sie sind oft Trojanische Pferde.

Der Begriff *Superzapping* geht zurück auf ein Systemprogramm von IBM, das es erlaubte, alle normalerweise vorhandenen Sicherungen des Betriebssystems zu umgehen. Zwar mögen solche Werkzeuge unter bestimmten Umständen notwendig sein. Ihr Einsatz sollte aber sehr restriktiv gehandhabt werden.

Scavenging meint, sich aus Daten zu bedienen, die als Abfall betrachtet werden oder nur temporär auf einem Rechner gespeichert werden. Wer sich damit auskennt, kann in derartigen Daten durchaus Goldkörner finden.

Eine Trapdoor kann man sich als einen Nebeneingang zu einem Programm vorstellen. Es ist zum Beispiel nützlich für einen Programmierer bei einer Bank, der mit seinem baldigen Ausscheiden rechnet, aber später weiterhin Zugriff auf ein bestimmtes Programm haben will. Auch bei Geheimdiensten [2, 3] sollen sich Trapdoors einer gewissen Beliebtheit erfreuen.

2 Die Angriffe

COMPUTER: "Shall we play a game?"
MATTHEW BRODERICK: "Let's play Global Thermonuclear War."
　　From WAR GAMES

Im 21. Jahrhundert ist der Begriff Computervirus einem breiten Publikum bekannt. Anwender wissen auch, dass damit gewissen Gefahren und Risiken verbunden sind, dass Programme und Daten durch Viren zerstört werden können.

In den 1960er und 1970er Jahren des vorigen Jahrhunderts hingegen war ein Computer für den persönlichen Gebrauch, der PC, eher ein Wunschtraum von Anwendern, die zu Computern von IBM oder Digital Equipment keinen Zugang hatten oder deren Rechenzeit sehr begrenzt war. Netzwerke wie das Internet steckten noch in den Kinderschuhen.

Dennoch begann bereits in jenen Jahren eine unheilvolle Entwicklung, die in unseren Tagen viele Bereiche der Gesellschaft und der Wirtschaft erreicht hat und einen großen Kreis von Bürgern unmittelbar betrifft.

2.1 Nächtliche Spiele

A virus is a program that can order a computer to replicate itself.
　　Dallas Morning News

Obwohl diese Behauptung der DALLAS MORNING POST sicherlich etwas übertrieben erscheint, die Angst vor

23

Computerviren ist durchaus berechtigt. Ähnlich wie Mikroorganismen im biologischen Bereich sind diese Programme imstande, sich zu vermehren und auf einer Vielzahl von Wirten, sprich Computern, zu verbreiten. Daher ist die Gefahr für Computersysteme und Software durch Viren nicht zu unterschätzen. Doch lassen sie uns dieses Phänomen genauer untersuchen.

Die ersten Anfänge sind mit dem Namen John Conway verbunden. Er untersuchte das Konzept "lebender Software" im Zusammenhang mit dem Gebiet der Künstlichen Intelligenz in den 1960er Jahren. Bereits der Computerpionier John von Neumann hatte allerdings in den 1940er Jahren des vorigen Jahrhunderts über sich selbst vermehrende Programme spekuliert. Damals nahm das niemand richtig ernst. Schließlich gab es noch nicht einmal leistungsfähige Computer, von Software ganz zu schweigen.

Diese Konzepte wurden in den Labors von AT&T, am Massachusetts Institute of Technology und bei Xerox in Palo Alto, Kalifornien, weiterentwickelt. In AT&T's Bell Labs fanden nach Feierabend regelrechte Schlachten *(core wars)* um den Besitz und die Kontrolle über den Computer statt. Ein oder mehrere Spieler versuchten dabei, die Kontrolle über das Programm und den Speicherplatz eines anderen Spielers zu gewinnen. Gelang dies, wurde das Programm des Gegners vernichtet.

Die Gefahr für andere Computer und Software war durch die Abgeschlossenheit des dabei verwendeten Computers relativ gering. Deswegen tolerierte das Management von AT&T diese Spiele. Lange Jahre waren die dabei verwendeten Techniken und Methoden ein gut gehütetes Geheimnis unter den beteiligten Programmierern.

Erst im Jahr 1983 erwähnte Ken Thomson, einer der Väter von UNIX, anlässlich einer Preisverleihung durch die Association of Computing Machinery (ACM) diese nächtlichen Spiele.

Damit war der Geist aus der Flasche.

Die Zeitschrift SCIENTIFIC AMERICAN veröffentlichte in der Folgezeit einen Artikel über Viren, den jedermann für zwei Dollar käuflich erwerben konnte. Die Folgen ließen nicht lange auf sich warten, obwohl die ersten Viren harmlos waren. Das sogenannte *Cookie Monster* verbreitete sich rasch an den Hochschulen Amerikas.

Dieser Virus brachte sporadisch eine Meldung auf den Bildschirm eines infizierten Computers, die lautete: "I want a cookie!"

Das Cookie Monster war durch die Eingabe des Wortes *cookie* über die Tastatur leicht zu befriedigen. Doch die Technik ließ sich auch für weniger harmlose Zwecke einsetzen. Sie war nun im Besitz vieler Studenten und Programmierer.

2.2 Hacker aus einem fernen Land

The past is a different country. They do things differently there.
                                                        L. P. Hartley

Man kann, wenn man die Reaktionszeit auf eine Aktion an einem Computer zu Grunde legt, auf die Entfernung kommen, die einen bestimmter Hacker von der eigenen geografischen Position trennt. Zunächst ging Clifford Stoll in Kalifornien davon aus, dass der Angreifer von der US-Ostküste kommen müsse. Diese Entfernung war offensichtlich zu gering. Er kam bei der nächsten Berechnung auf den Mond.

Selbst für einen gelernten Astronomen war diese Annahme allerdings eher Science Fiction. Zuletzt kam er auf ein fremdes Land jenseits des Atlantiks: Die Bundesrepublik Deutschland.

Der ungewöhnlichste Fall in diesen frühen Jahren war zweifellos der Versuch einer Gruppe deutscher Hacker, die Geheimnisse der Supermacht USA auszuspionieren. Er wurde in vielerlei Form in den Massenmedien behandelt, wenngleich oft recht oberflächlich. Bemerkenswert ist der Fall vor allem deswegen, weil sich ein östlicher Nachrichtendienst deutscher Hacker bediente, um an militärische Geheimnisse der westlichen Welt heranzukommen.

2.2.1 Nur ein kleiner Fehler in der Buchhaltung?

No experiment is ever a complete failure. It can always serve as a negative example.
                                    Arthur Bloch

Hervorzuheben ist besonders der Einsatz von Clifford Stoll, der nahezu im Alleingang vom fernen Kalifornien aus die Spur der Hacker aufnahm und bis nach Hannover verfolgte. Und das alles, ohne sich jemals allzu weit von seinem Terminal zu entfernen.

Clifford Stoll arbeitete damals am Lawrence Berkeley Laboratory (LBL) in Kalifornien. Er ist ausgebildeter Astronom und daher in erster Linie Wissenschaftler, Programmierer erst in zweiter Linie.

Weil für sein gerade betriebenes Forschungsvorhaben [4] keine finanziellen Mittel mehr zur Verfügung standen, nahm er einen Job als Systemoperator am Rechenzentrum des Forschungsinstituts an. Zusammen mit zwei erfahrenen Kollegen, Wayne Graves und Dave Cleveland, hatte er eine ganze Reihe von Rechnern zu betreuen. Der Gesamtwert der Ausrüstung kann mit sechs Millionen Dollar veranschlagt werden.

Das Rechenzentrum stellte die Kosten für die Benutzung der Computer, die UNIX und VMS als Betriebssystem verwenden, den einzelnen Instituten in Rechnung. Dazu gab es zwei unterschiedliche Abrechnungssysteme.

Am zweiten Tag seiner Tätigkeit machte Dave Cleveland den neuen Mitarbeiter auf einen kleinen Fehler in der Abrechnung der Rechnerleistungen aufmerksam. Eine Rechnung des vergangenen Monats für ein Institut von insgesamt 2 387 Dollar stimmte nicht, und zwar wegen genau 75 Cent.

Nun, jeder der einmal mit Buchhaltung zu tun hatte, weiß, dass gerade diese kleinen Fehler schwer zu finden sind. Beträge von mehreren Tausend Euro fallen sofort ins Auge, aber nach Differenzen von ein paar Cents sucht man oft stundenlang.

Clifford Stoll hatte natürlich auch den leisen Verdacht, dass ihm seine Kollegen einen Streich spielen wollten. Aber er machte sich daran, dieser Sache auf den Grund zu gehen.

Das Rechenzentrum benutzte zwei verschiedene Systeme für die Abrechnung. Da war zum ersten das unter dem Betriebssystem UNIX normalerweise verwendete Abrechnungsprogramm. Da der Geldgeber des Lawrence Livermore Laboratory, das amerikanische Department of Energy (DOE), damit jedoch nicht zufrieden war, entstand im Laufe der Zeit ein zweites Abrechnungssystem. Diese Programme wurden von Studenten während der Semesterferien im Sommer geschrieben und waren schlecht dokumentiert.

Nachdem sich Cliff Stoll davon überzeugt hatte, dass die Differenz von 75 Cents nicht auf einen Fehler in der Programmierung oder einen reinen Rundungsfehler zurückzuführen war, zog er andere Möglichkeiten in Betracht.

Schließlich fand er einen Benutzer im System mit dem Namen *Hunter*, der weder ein *Account* noch eine Rechnungsadresse hatte. Da das Rechenzentrum mehrere Hundert Benutzer hatte, konnte er naturgemäß nicht alle persönlich kennen, und es konnte sich auch um eine Nachlässigkeit in der Verwaltung seiner Rechneranlage handeln. Aber seltsam war der Vorfall schon.

Andererseits durfte niemand ohne ein *Account* auf den Computern arbeiten, und deshalb löschte Cliff Stoll diesen Job kurzerhand. Falls der Mann namens Hunter wirklich ein legitimer Benutzer der Anlage war, würde er sich sicher melden, und Cliff Stoll konnte ihn dann ordnungsgemäß eintragen und ihm ein Account geben.

Einen Tag später erhält das Rechenzentrum über Electronic Mail eine Nachricht von jemand namens *Dockmaster*. Die Meldung besagte, dass ein Unbekannter aus dem Lawrence Berkeley Laboratory versucht hatte, in seinen Computer einzubrechen. Diese Meldung schien aus Maryland zu kommen. Die Operatoren der Rechner in Berkeley legten diese Nachricht zunächst zu der anderen unerledigten Post.

Clifford Stoll

Als sich Cliff Stoll die Sache jedoch etwas näher anschaute, fand er heraus, dass gerade zu der Zeit, als der elektronische Einbruch an der Ostküste der USA versucht wurde, abermals ein unbekannter Benutzer in seinem System gewesen war. Diesmal war der verwendete Name *Sventek*.

Das war in Berkeley zwar kein Unbekannter, nur hielt sich dieser Wissenschaftler bereits seit längerer Zeit in England auf. Außerdem bescheinigten ihm die Systemoperatoren zwar das technische Können und Wissen, um in fremde Computer einzubrechen, sie trauten ihm aber eine solche Tat nicht zu.

Schließlich musste sich Cliff Stoll eingestehen, dass es sich nur um einen Hacker handeln konnte. Die Indizien waren eindeutig: Jemand benutzte seine Computer ohne jede Berechtigung.

Das Lawrence Berkeley Laboratory unterhielt eine ganze Reihe von Computern, darunter viele VAX von Digital Equipment. Als Betriebssysteme wurde VMS und UNIX eingesetzt. Als lokales Netz (LAN) verwendete das Forschungsinstitut Ethernet.

Die Rechner hatten Hunderte von Anschlüssen für Terminals in den einzelnen Instituten und einige weitere Verbindungen über Telefonleitungen und zu anderen Netzwerken, die das ganze Land durchzogen. Das Rechenzentrum verwendete Passwörter für die einzelnen Benutzer. Jedoch war es keine große Schwierigkeit, sich als Gast des Forschungszentrums mit dem Passwort *guest* von überall her einzuloggen. Das diente einfach dazu, um Forschern aus anderen Instituten das Benutzen der Rechner zu erleichtern.

Im Gegensatz zum nicht weit entfernten Lawrence Livermore Laboratory wurde am Lawrence Berkeley Laboratory auch keine geheime Forschung betrieben. Es handelte sich im Wesentlichen um Grundlagenforschung der Physik. Die Ergebnisse standen der ganzen Wissenschaft zur Verfügung und waren nicht als geheim eingestuft.

Die Rechner am benachbarten Lawrence Livermore Laboratory hingegen wären ein lohnendes Ziel für einen Hacker, überlegte sich Clifford Stoll. Dort betreiben sie Forschungen zur Atom- und Wasserstoffbombe und wohl auch Forschungsvorhaben in der Lasertechnologie für SDI. Sein eigenes Forschungsinstitut war in dieser Beziehung eher harmlos, und deswegen hatten ihre Rechner auch so viele Verbindungen zur Außenwelt und waren relativ schwach abgesichert. Aber das Lawrence Livermore Laboratory und die militärischen Computer dort sind sicher isoliert und besser gesichert, dachte er sich.

Die Spur des Hackers aufzunehmen, erwies sich als schwierig. Unter den Hunderten von Benutzern war er schließlich nur ein einziger, der sich noch dazu relativ selten zeigte.

Die verwendete Übertragungsrate von 1 200 Baud wies auf eine Verbindung von außen hin, denn innerhalb des Geländes des Forschungszentrums wurde mit der weit höheren Geschwindigkeit von 9 600 Bits per Second (bps) oder 19 200 bps gefahren.

Schließlich "borgte" sich Clifford Stoll in einer Gewaltaktion fünfzig Drucker von den Instituten aus, um damit fünfzig verdächtige Verbindungsleitungen zu seinem Computer ständig überwachen zu können. Er benötigte eindeutige Beweise für die Anwesenheit des Hackers.

Er schlief neben den Druckern, um ja nichts zu versäumen. Neunundvierzig Drucker waren eine herbe Enttäuschung für ihn, aber am fünfzigsten hing eine lange Papierfahne herunter. Er hatte Erfolg gehabt.

2.2.2 Der Beginn einer langen Jagd

In the search for truth there are certain questions that are not important. Of what material is the world constructed? Are there limits or not to the universe? What is the ideal form of organization for human society? If a man were to postpone his search and practice for Enlightenment until such questions were solved, he would die before he would find the path.

Buddha

Ohne Wissen des Hackers hatte Clifford Stoll mit seinem Drucker jeden einzelnen Anschlag des Unbekannten, jedes Kommando und jede Zeile des Dialogs mit dem Computer auf-gezeichnet. Drei Stunden lang war der Hacker in seinem System gewesen, hatte sich umgesehen, hatte das Betriebssystem verändert.

Was Cliff Stoll nämlich zunächst nicht bewusst war: Einige der 1 200-Baud-Verbindungen waren keine ordinären Telefonleitungen, sondern es handelte sich um Tymnet-Verbindungen. Das war das amerikanische Gegenstück zum

DATEX-P-Dienst der deutschen Bundespost.

Dabei wurden Daten zwischen Netzknoten, die in der Regel nahe bei den Wirtschaftszentren des Landes lagen, gebündelt und mit hoher Geschwindigkeit übertragen.

Der Hacker war also über Tymnet zum Lawrence Berkeley Laboratory gekommen. Am Morgen dieses Sonntags hatte er ein kurzes Programm installiert und ausgeführt, um an hohe Privilegien des Betriebssystems zu kommen.

Das UNIX-Betriebssystem führt in regelmäßigen Zeitabständen ein Programm namens *atrun* aus. Das ist ein Systemprogramm, und man braucht die Privilegien eines Superusers, um da ran zu kommen. Diese Privilegien besitzt in der Regel nur der Systemverwalter.

Also war es logischerweise zunächst das Ziel des Hackers gewesen, die Privilegien eines Systemverwalters oder Operators zu bekommen. Dazu machte er sich eine Sicherheitslücke in einem Anwenderprogramm zunutze, die er ganz offensichtlich kannte.

Auf dem Rechner in Kalifornien war ein mächtiger und bei den Anwendern beliebter Editor namens *gnu-emacs* installiert. Zu den Funktionen dieses Werkzeugs gehörte auch das Empfangen und Versenden von Electronic Mail.

Das machte nun *gnu-emacs* in zwar effizienter, aber nicht ganz so sicherer Art und Weise. Anstatt die Post wie üblich von einem Benutzer zum anderen zu kopieren, wurde einfach der Eintrag im Dateiverzeichnis geändert, darunter auch die Zugriffsprivilegien. Bei Systemdateien machte das *gnu-emacs* genauso.

Der unbekannte Hacker fand noch das Passwort eines nachlässigen Benutzers zu seinem Account. Als letzte Tat an diesem Morgen kopierte er die gesamte Passwortdatei des Rechners in Kalifornien und verschwand endlich. Die Leitung des Rechenzentrums in Kalifornien war zwar besorgt, dass der Hacker größeren Schaden anrichten würde. Andererseits war es schon ein gewisser Aufwand, einen von nur drei vielbe-schäftigten Systemverwaltern alleine für die Hackerjagd abzustellen.

Bei seinem letzten Besuch, bei dem ihm Cliff Stoll abermals über die Schulter schaute, hatte der unbekannte Hacker immerhin ein Programm gelöscht, das er für ein Über-wachungsprogramm hielt. In Wahrheit handelte es dabei um ein harmloses Anwenderprogramm, das lediglich vom Namen her verdächtig war.

Cliff und seine Vorgesetzten konnten allerdings nicht sicher sein, was der Hacker sonst noch angestellt hatte. Die Möglichkeiten, das technische Wissen und die notwendigen Privilegien unter UNIX hatte er zweifellos.

Der Hacker wäre durchaus in der Lage gewesen, alle Dateien auf den Rechnern des Lawrence Berkeley Laboratory innerhalb sehr kurzer Zeit zu löschen. Auch konnte er Programme so verändern, dass sie ihr unheilvolles Wirken erst viel später entfalteten.

Hinzu kam, dass die verwendete Version von Berkeley UNIX in vielerlei Hinsicht verändert und verbessert worden war, um den Wünschen und Bedürfnissen der am Forschungszentrum tätigen Wissenschaftler gerecht zu werden. Es wäre unmöglich gewesen, das Betriebssystem innerhalb kurzer Zeit zu rekonstruieren. In gewisser Weise handelte es sich um ein Unikat.

Deshalb wurde beschlossen, zunächst weiter zu machen und den Hacker zu beobachten, trotz der damit verbundenen Kosten. Es wäre zu diesem Zeitpunkt auch möglich gewesen, den Hacker einfach auszusperren. Aber diese Maßnahme hätte eben auch Risiken mit sich gebracht. Schließlich war nicht auszuschließen, dass der unbekannte Eindringling eines Tages wieder zuschlagen würde, entweder in Berkeley in Kalifornien oder an anderer Stelle in den weitverzweigten Netzwerken der

USA. Nun begann also die Verfolgung des Hackers über die Telefonnetze der Welt.

2.2.3 Wohin führt die Spur?

Was allerdings zunächst auffiel, war der etwas seltsame Gebrauch eines Systemkommandos durch den Hacker. Wann immer er wissen wollte, was auf dem UNIX-Betriebssystem los war, tippte er dieses Kommando ein:

```
ps -eafg
```

Dieses Kommando dient dazu, die Prozesse des Betriebssystems auf dem Bildschirm eines Terminals anzuzeigen. Der Parameter *e* steht zum Beispiel für *environment*, und *a* steht für *all*.

Cliff Stoll benutzte Berkeley-UNIX, und er hätte bestimmt das Kommando anders eingetippt. Weil der Hacker das Kommando in der ursprünglichen Form von AT&T-Unix benutzte, wie es an der Ostküste der USA gebräuchlich ist, vermutete der Systemoperator den Eindringling in sein System zunächst in den Bundesstaaten am Atlantik.

Das Management des Forschungszentrums wandte sich daraufhin an das örtliche Büro des FBI, um mit Hilfe der amerikanischen Bundespolizei den Hacker verfolgen zu können. Zu ihrem Leidwesen stießen sie auf wenig Interesse. Ein Fehlbetrag von 75 Cents erschien dem örtlichen Leiter der FBI-Dienststelle geradezu lächerlich gering. Er war mehr auf Eine-Million-Dollar-Fälle aus. Er hätte auch dann gehandelt, wenn es um Staatsgeheimnisse gegangen wäre.

Unterdessen blieb der unbekannte Hacker nicht untätig. Sein nächster Ausflug in den Datennetzen der Welt führte in das Anniston Depot in Alabama. Das ist eine Militärbasis der Armee. Dazu benutzte der Hacker Cliff Stolls Computer lediglich als Sprungbrett. Er ging dann über das Internet und MILNET, ein vom amerikanischen Verteidigungsministerium betriebenes Netzwerk.

Das Anniston Depot hatte natürlich eine Verbindung zu MILNET. Der Systemverwalter in Alabama arbeitete zufällig am Wochenende und wurde misstrauisch, als er einen Benutzer namens *Hunter* am Samstag arbeiten sah. Er vertrieb zwar den Hacker, das Loch in seinem System sah er allerdings zunächst nicht.

Erst als ihn Cliff Stoll auf den Fehler in *gnu-emacs* aufmerksam machte, wurden ihm die Zusammenhänge klar. Er verständigte die Criminal Investigation Division (CID) der Armee, die für solche Fälle zuständig ist.

Bei seinem nächsten Besuch versuchte der Hacker ein kleines, aber klug ausgedachtes Simulationsprogramm zu installieren. Der Zweck dieser Software war es, die Passwörter der Benutzer abzufragen und zu speichern. Für spätere Verwendung, wie man wohl annehmen darf.

Für den nichtsahnenden Benutzer des UNIX-Systems hätte sich das Betriebssystem beim Einloggen so verhalten:

```
WELCOME TO THE LBL UNIX_4 COMPUTER
PLEASE LOGIN NOW
login:
```

Das System hätte dann den Namen des Benutzers und sein Passwort verlangt und eingelesen. Das hätte der Benutzer am Terminal wahrscheinlich routinemäßig getan. Schließlich schien alles in Ordnung. Das System hätte dann geantwortet:

SORRY, TRY AGAIN.

Das ist natürlich eine ungewöhnliche Reaktion. Schließlich erwartet der Benutzer sich nach dem Einloggen in seinem eigenen *home directory* zu finden. Allerdings würde auch niemand groß misstrauisch werden. Wer hat sich beim blinden Eintippen des Passworts nicht schon mal vertippt?

Der durchschnittliche Benutzer hätte das ganze also noch einmal versucht, und beim zweiten Mal sicher mit Erfolg. Dann wäre das Kind schon ins Wasser gefallen gewesen. Der Hacker hatte nämlich versucht, dem normalen Login-Kommando ein eigenes kleines Programm vorzuschalten. Dieses Programm las das Passwort und speicherte es in eine vom Hacker angelegten Datei ab.

Er hätte dann diese Datei mit den unverschlüsselten Passwörtern nur noch in aller Ruhe zu lesen brauchen. Dieser raffinierte Versuch, an Passwörter zu kommen, scheiterte nur deshalb, weil der Hacker sein Trojanisches Pferd in das falsche Dateiverzeichnis kopierte. Berkeley-UNIX war eben auch in dieser Beziehung etwas anders. Das verstärkte den Verdacht gegen einen Hacker von der amerikanischen Ostküste.

Während der Hacker aktiv war, versuchte Cliff Stoll natürlich fieberhaft, seine Spur aufzunehmen. Die Fährte führte von Lawrence Berkeley Laboratory nach Oakland in Kalifornien. Dann verließ die Leitung den Bereich der örtlichen Telefongesellschaft, nämlich Pacific Bell, und führte nach Osten. Sie endete zunächst im Staat Virginia. Dort war American Telephone & Telegraph, kurz AT&T genannt, zuständig.

Bei der Verfolgung des Hackers durch das weitverzweigte Telefonnetz der USA erwies es sich als großer Vorteil, dass das Netz der amerikanischen Telefongesellschaften fast ausnahmslos digitalisiert ist.

Nur eine verschwindend geringe Anzahl von

Vermittlungsämtern arbeitete noch mit den alten, analogen Relais. Wäre das System nicht digitalisiert gewesen, hätte sich die Suche nach dem Hacker angesichts seiner kurzen Besuche und der Verzweigung des Netzes bald als aussichtslos herausgestellt.

Telefongespräche können schließlich nur dann verfolgt werden, wenn tatsächlich eine physikalische Verbindung zwischen Sender und Empfänger besteht. Endet das Gespräch, verschwindet auch jede Spur.

Eine weitere Taktik des Hackers bestand darin, sich der Accounts von abwesenden Benutzern zu bedienen. Es ist bei einem Forschungszentrum von der Größe von Lawrence Berkeley Laboratory nicht ungewöhnlich, wenn sich ein Wissenschaftler für ein oder zwei Jahre an Forschungsstätten in Europa oder Asien aufhält. In dieser Zeit bleibt sein Account erhalten, obwohl niemand darauf zugreift.

Der Hacker ging nun her und löschte das alte Passwort solcher Benutzer. Da er die Privilegien eines Superusers hatte, konnte er das unbehelligt tun.

Anschließend wählte er selbst ein neues Passwort. Er war nunmehr Herr über dieses Verzeichnis eines legitimen und eingetragenen Benutzers. Auf diese Weise verschaffte er sich eine Reihe zusätzlicher Identitäten, hinter denen er sich in Zukunft verbergen konnte.

Wäre der wahre Besitzer des Accounts zurückgekommen und hätte versucht, sich mit seinem alten Passwort einzuloggen, dann wäre dieser Versuch selbstverständlich fehlgeschlagen. Andererseits, wer merkt sich schon sein Passwort über Monate hinweg, wenn er oder sie gar nicht mit einem System arbeitet?

Die wenigsten Benutzer wären vermutlich misstrauisch geworden.

Beim nächsten Besuch des Hackers in Berkeley wandte er sich einem weiteren Computer am Netz, nämlich dem Network

Information Center (NIC), zu. Das ist eine Art elektronische Auskunftei. Es hingen damals bestimmt 100 000 Computer am Internet, und die Notwendigkeit einer solchen Einrichtung ist offensichtlich.

Im Gegensatz zur deutschen Bundespost gab es kein Fräulein vom Amt mehr. Man musste sich seine gewünschte Auskunft oder Telefonnummer schon selber suchen. Der Hacker suchte nach dem Begriff WSMR. Er fand auch prompt fünf Einträge und die zugehörigen Rufnummern. Die White Sands Missile Range (WSMR) ist eine Erprobungsstelle der amerikanischen Armee im Südwesten der USA. Ganz folgerichtig galt der nächste Besuch des Hackers dieser militärischen Einrichtung. Er hatte allerdings wenig Glück. White Sands war dicht.

Der Computer und das Betriebssystem widerstanden allen Versuchen des Hackers, sich Zugang zu verschaffen. Cliff Stoll beobachtete diese Versuche des Hackers von Berkeley aus. Er schaute ihm erneut heimlich über die Schulter.

Später verständigte Cliff Stoll den Systemverwalter in White Sands. Er sprach auch mit einem Vertreter des Air Force Office of Special Investigations (AFOSI), einer Einheit der Luftwaffe, und einem Vertreter der Defense Communication Agency (DCA).

Immerhin war dies einer der wenigen Fälle, bei denen ein Verbrechen noch während der Ausführung verfolgt werden konnte. Das machte gerade diesen Hacker für die militärischen Stellen und die Geheimdienste interessant.

Der unbekannte Hacker blieb nicht untätig. Er suchte in der Auskunftei des Network Information Center nach Telefonnummern des CIA, des amerikanischen Geheimdienstes für das Ausland. Zwar fand er nur vier Telefonnummern, aber immerhin war Cliff Stoll nun gezwungen, auch die CIA anzurufen. Prompt besuchten ihn einige Agenten in Berkeley. Die Vertreter der CIA hörten aufmerksam zu, erzählten ihm allerdings überhaupt nichts.

Ganz beiläufig erfuhr Cliff Stoll allerdings, wer sich hinter *Dockmaster* verbarg: Das war kein Computer der Marine, wie Cliff fälschlicherweise angenommen hatte, sondern ein Rechner der NSA.

Die National Security Agency (NSA) ist eine weitgehend im Verborgenen [2] arbeitende Regierungsbehörde. Sie befasst sich hauptsächlich mit Aufklärung im elektronischen Bereich. *Dockmaster* war zu der Zeit in der Tat ihr einziger Computer, der nicht geheim war und direkt an einem öffentlichen Netz hing.

Die von dem Hacker gewählten Passwörter in Berkeley waren Cliff Stoll ebenfalls bekannt. Sie lauteten: Hedges, Jäger, Hunter und Benson. Benson & Hedges ist eine bekannte Zigarettenmarke. Sollte der Hacker ein Raucher mit einem Faible für diese Sorte sein? – Das Wort *Jäger* konnte sich Cliff Stoll zunächst nicht erklären, aber eine Freundin brachte ihn auf die Spur. Damit war zum ersten Mal ein deutsches Wort aufgetaucht.

Während der Hacker versuchte, in weitere Computer einzudringen, verfolgte Cliff Stoll die Spuren, die er hinterließ. Dabei stieß er auf MITRE, eine nicht unbedeutende Rüstungsfirma in Virginia. Obwohl ihm zunächst nicht geglaubt wurde, konnte Cliff Stoll die Spuren des Hackers nachweisen. In der Tat hatte der Hacker für lange Zeit MITRE als seine Basis in Nordamerika benutzt. MITRE bezahlte unwissentlich sogar seine Telefonrechnung.

Von MITRE in Virginia führte die Spur nach Bremen, und zwar zur dortigen Universität. Als die Hochschule aber während der Weihnachtsfeiertage ihren Rechner abschaltete, meldete sich der Hacker direkt aus Hannover.

Während Cliff Stolls Freunde bei TYMNET es bald fertigbrachten, die Verbindung nach Europa innerhalb von fünf Minuten zu verfolgen, wurde die Lage in Deutschland durch die veraltete Analogtechnik schwierig.

Das amerikanische Telefonnetz und vor allem die Vermittlungszentralen waren bereits voll digitalisiert, während in der Bundesrepublik noch vielfach veraltete analoge Wählschalter anzutreffen waren. Im Stadtgebiet von Hannover musste tatsächlich ein Techniker den Anruf in der Vermittlungsstelle direkt verfolgen. Weil der Hacker hauptsächlich nachts arbeitete, war das schwierig zu bewerkstelligen. Die Suche zog sich hin.

Hinzu kam, dass erneut rechtliche Probleme auftraten. Das FBI und die Staatsanwaltschaft in Hannover schienen nicht direkt miteinander reden zu wollen. Alles musste über einen Beamten bei der amerikanischen Botschaft in Bonn laufen. Währenddessen durchsuchte der Hacker weiter sensitive Dateien in den Computern der USA.

2.2.4 Die Falle

I awoke one morning and found myself famous.
Lord Byron

Trotz aller Misserfolge und Frustrationen blieb Cliff Stoll am Ball. Seine Freundin hatte sogar eine Idee, wie man den Hacker hereinlegen könnte. Cliff schuf eine Datei, in die er wichtig klingende Stichworte einflocht. Das waren zum Beispiel die Begriffe SDI, nuklear, ICBM, KH-11, NORAD und andere Kürzel aus dem Arsenal des Kalten Kriegs.

Natürlich war das alles erfunden, aber diese Sammlung von Memoranden, Berichten und Nachrichten war sehr groß und enthielt ein kleines, aber nicht unwichtiges Detail: Eine Adresse, an die man sich bei Wünschen nach weiterem Informationsmaterial wenden konnte. Der Hacker biss an: Er kopierte das gesamte Spielmaterial.

Im März und April 1987 verhielt sich der Hacker ziemlich

ruhig. Cliff Stoll fand allerdings endlich heraus, warum er immer vollständige Passwort-Dateien kopierte.

Man sollte zunächst annehmen, dass die unter UNIX in verschlüsselter Form abgelegten Passwörter völlig unbrauchbar sind. Der Hacker hatte jedoch zur Überraschung von Cliff Stoll Verwendung dafür.

Er ging ganz offensichtlich so vor: Er nahm ein übliches Wörterbuch, wie es unter UNIX oder jedem besseren Textverarbeitungssystem auf allen Computern vorhanden ist. Dann verschlüsselte er alle Einträge in diesem Wörterbuch und verglich das Ergebnis mit den gestohlenen, bereits verschlüsselten Passwörtern.

Das war deshalb möglich, weil das Programm zum Verschlüsseln von Passwörtern unter UNIX durchaus verfügbar ist und kopiert werden kann. Es verschlüsselt ja nur. Eine Entschlüsselung ist mit diesem Programm nicht möglich.

Da viele Benutzer von Computern als Passwörter gebräuchliche Begriffe aus dem Vokabular ihrer Muttersprache nehmen, war die Vorgehensweise des Hackers durchaus erfolgversprechend. Er hatte hinterher genug Zeit, um zu Hause in aller Ruhe seinen Rechner an diesem Puzzle arbeiten zu lassen.

Am 27. April 1987, es war ein Montag, traf schließlich ein Brief in Berkeley ein. Der Absender wollte weitere Informationen zum Thema SDI. Der Brief stammte von einer weitgehend unbekannten Firma in Pittsburgh in Pennsylvania. Unterzeichnet war das Schreiben von Laszlo J. Balogh.

Cliff Stoll verständigte sofort die Behörden. Offenbar war ihnen dieser Herr kein Unbekannter. Die Spuren deuteten auf Verbindungen zum ungarischen Geheimdienst hin. Das war eine vom KGB oftmals angewandte Methode. Man schickte die Spione Ungarns, Rumäniens oder der Tschechei vor, leitete aber selbst die Operation.

Es war drei Monate her, seitdem der Hacker die Adresse in der frisierten Datei gelesen hatte. Doch nun schloss sich der Kreis. Im Juni 1987 griff die deutsche Polizei in Hannover endlich zu. Markus Hess wurde verhaftet.

Die weiteren Ermittlungen der Behörden führten am 2. März 1989 endlich zu einer bundesweiten Razzia, in deren Verlauf vierzehn Wohnungen und Geschäftsräume in Hannover, Hamburg, Karlsruhe und Berlin durchsucht werden. Achtzehn Personen werden dabei festgenommen.

Die Hacker kamen allerdings nach Abschluss der polizeilichen Vernehmungen aus der Untersuchungshaft bald wieder frei, weil keine Verdunklungsgefahr bestand.

Hagbard wurde zuletzt am 23. Mai 1989 lebend gesehen. Bald darauf wurden in einem abgelegenen Waldstück in der Nähe von Hannover die verkohlten Reste einer männlichen Leiche entdeckt. Daneben lag ein geschmolzener Benzinkanister. Nicht weit davon entfernt stand ein geliehener Wagen. Die Knochen wurden als die sterblichen Überreste von Klaus Kurz, alias Hagbard, identifiziert.

Einen Abschiedsbrief konnte die Polizei nicht entdecken. Ob es sich beim Tod dieses Hackers um Selbstmord oder die "Hinrichtung" durch einen fremden Geheimdienst handelte, wird wohl nach Lage der Dinge für immer im Dunkeln bleiben.

2.2.5 Ein Ausflug nach Ostberlin

The real voyage of discovery consists not in seeking new landscapes, but in having new eyes.
Marcel Proust

Begonnen hatte dieses Verbrechen Jahre zuvor. Im Sommer des Jahres 1986 machten zwei junge Männer einen kurzen Ausflug nach Ostberlin. Es handelte sich um Hans Hübner, mit

Spitznamen Pengo, und Peter Carl. Er war in der Szene unter dem Namen Pedro bekannt.

An der Grenze ging alles glatt. Die beiden Besucher waren avisiert. Um 12 Uhr hatten sie eine Verabredung bei einer Tarnfirma in Ostberlin, hinter der sich der sowjetische Geheimdienst KGB verbarg.

Bei diesem Treffen wechselte viel Material, das die Hacker bei ihren Einbrüchen in den Großrechnern des Westens erbeutet haben, die Seiten. Darunter waren die folgenden Programme und Daten:

- Der Quellcode für ein Programm zur Entwicklung von integrierten Schaltungen (Chips), bekannt unter den Namen HILO-2
- Ein Entwurf für neuartige Bauelemente (Programmable Array Logic oder PALs)
- Hunderte von Telefonnummern, mit denen man Verbindung zu Computern in der gesamten westlichen Welt aufnehmen konnte
- Mehrere Tausend Passwörter, mit denen man sich auf verschiedenen Rechnern des Militärs, der Industrie und der Forschungsinstitute der USA einloggen kann.

Für das umfangreiche Material auf Magnetband erhielten die Hacker von dem Führungsoffizier des KGB ganze 30 000 D-Mark. Er erklärte, es müsse erst in Moskau überprüft werden. Andererseits versprach er ihnen mehr Geld, wenn das Material brauchbar sei. Er vergaß auch nicht aufzuzählen, was der Osten im Moment ganz dringend benötigte.

Obwohl Pengo und Pedro die Beute in Berlin übergaben, ausgeheckt wurde der Coup in Hannover. Dirk-Osswald Bachowsky, genannt Dob, und Peter Carl machten zu vorgerückter Stunde und in Haschischlaune den Vorschlag, Geschäfte mit dem Osten zu machen. Das wurde in der Runde zunächst als ein Witz aufgefasst, aber die Idee blieb hängen.

Die Hacker waren chronisch knapp an Geld. Die Telefongebühren für ihre nächtlichen Streifzüge durch die Computer der Welt verschlangen monatlich mehrere Tausend Mark pro Anschluss. Einige der Hacker waren zudem rausch-giftsüchtig.

Die Runde der Hacker in Hannover nahm die Reden von Pedro zunächst nicht ernst, doch im Sommer 1986 konnte er Hagbard, mit bürgerlichem Namen Karl Koch, Vollzug melden. Der Termin für die Reise nach Ostberlin stand fest. Die Hacker aus Hannover waren im Geschäft.

2.2.6 Eine Analyse

Worin bestand nun die eigentliche Gefahr durch die Hacker aus Hannover im Auftrag des KGB, und welche Schlussfolgerungen sollten wir aus dem Schadensfall ziehen?

Eine nicht mehr zu leugnende Tatsache ist, dass nationale und geographische Grenzen im Zeitalter der Information ihre Bedeutung verlieren. Cliff Stoll glaubte zunächst, die Hacker kämen von der amerikanischen Ostküste. Europa lag zunächst bereits jenseits seines geistigen Horizonts.

Die Schlussfolgerung aus dieser Tatsache kann nur sein, dass die Bekämpfung krimineller Machenschaften ebenfalls auf internationaler Ebene organisiert werden muss. Der Schutz geistigen Eigentums, auch in elektronischer Form, muss gewährleistet werden. Das ist gerade ein Anliegen der Industrienationen, für deren Volkswirtschaften *High Technology* lebensnotwendig ist. Doch was waren die Motive der Hacker?

Die Gruppe der Hacker um Markus Hess war zunächst nicht kriminell. Sie kamen aus sehr unterschiedlichen Berufen, waren aber alle vom Computer und seinen Möglichkeiten fasziniert. Ihre Spitznamen sind aus Science-Fiction-Geschichten entnommen. Hagbard zum Beispiel stammt aus dem Roman ILLUMINATUS von Robert Anton.

Bei aller nachträglichen Verbrämung des Geheimnisverrats muss doch klar gesagt werden, dass es diesen Hackern um Geld ging: Sie mussten ihren Rauschgiftkonsum finanzieren.

Unter den Hackern befanden sich zweifellos Talente, deren Anstrengungen einer besseren Sache wert gewesen wären. Markus Hess zeigte beachtlichen Einfallsreichtum und Kreativität. Er ging geplant und zielstrebig vor. Das konnte Cliff Stoll in Kalifornien aus seinem Verhalten eindeutig schließen.

Markus Hess machte sich dabei einige Tatsachen zunutze:

- Bekannte Schwächen in Anwenderprogrammen oder im Betriebssystem des Rechners.
- Die manchmal geradezu sträfliche Vernachlässigung der Sicherheit der ihnen anvertrauten Computer und der Software durch die verantwortlichen Betreiber, auch im militärischen Bereich.

Die Technik des Hackers war dabei zielgerichtet und konsequent. Um seine Ziele zu erreichen, war Sachkenntnis und tiefgreifendes Wissen über die Computer und das verwendete Betriebssystem notwendig. Dieses Fachwissen besaß Markus Hess ganz offensichtlich. Dazu kam eine gewisse Kreativität, wenn es darum ging, die Schutzmechanismen der Rechner zu umgehen. In der Regel ging er so vor:

1. Versuch, Systemverwalter zu werden, und dadurch entsprechend hohe Privilegien zu erlangen.
2. Benutzung von zurzeit nicht benutzten Accounts, hinter deren legitimen Benutzern er sich verbergen konnte.
3. Abfangen und Speichern unverschlüsselter Passwörter
4. Kopieren von verschlüsselten Passwort-Dateien.

Die Ziele der Hacker waren dabei alle Computer, die Wissenswertes über militärische Geheimnisse des Westens, industriell verwertbare Informationen zu neuen Technologien und die zugehörigen Werkzeuge, Programme und Daten enthielten. Dass die Hacker dabei natürlich alle Informationen mitnahmen, die ihnen Zugang zu weiteren Rechnern verschaffen konnten, war aus ihrer Sicht der Dinge nur folgerichtig.

Die folgende Tabelle gibt einen kurzen Überblick über die betroffenen Installationen. Sie ist wegen des Umfangs des Materials bei weitem nicht vollständig.

Datum, Ortszeit in Berkeley	Zielrechner des Hackers	Art der Anlage
10.09.1986, 7:51 Uhr	Anniston Army Depot, Redstone Arsenal, Huntsville, Alabama	Armeebasis

Sept. 1986	Network Information Center, Menlo Park, Kalifornien	Auskunftei, Datenbank
Sept. 1986	White Sands Missile Range	Versuchsgelände
Sept. 1986, 9:10 Uhr	Ballistic Research Lab, Aberdeen, Maryland	Militärische Forschungs-einrichtung
Sept. 1986	Lawrence Livermore Laboratory	Forschungslabor, Atombomben, LASER
Sept. 1986, 05:15 Uhr	SRI Inc.	Rüstungsfirma
Dez. 1986	TRW, Redondo Beach, Kalifornien	Baut Satelliten (Spionage)
1.01.1987	OPTIMIS-Datenbank, Washington, DC	Datensammlung, darunter auch persönliche Daten
Jan. 1987, 13:39 Uhr	Ramstein Air Force Base, Pfalz	Luftwaffenbasis
22.01.1987	BBN, Cambridge, Massachusetts	Hersteller, Netzwerke

Tabelle 2-1: Ziele der Hacker [4]

Während die Stützpunkte der amerikanischen Armee im Wesentlichen die vorhandenen Waffensysteme benutzen und dem Hacker wenige Informationen über zukünftige Entwicklungen bieten konnten, war das bei den ausgespähten Forschungslabors schon etwas anderes. Zu bedenken ist, dass sich der sowjetische KGB in diesen Jahren zunehmend darauf konzentrierte, Waffensysteme der USA und ihrer Verbündeten bereits während ihrer Entwicklung auszuspionieren.

TRW zum Beispiel baute die modernsten Spionagesatelliten

der USA. Die Firma Bolt, Beranak und Neumann (BBN) in Cambridge, Massachusetts, hat die Computer für das ARPANET und das MILNET gebaut.

Die OPTIMIS-Datenbank enthielt Informationen über laufende Projekte des Department of Defense (DoD), aber auch viele sensitive Daten über die Mitarbeiter des Verteidigungs-ministeriums.

Nun muss auch erwähnt werden, dass die Hacker nicht an wirklich geheime Daten herangekommen sind. Solche Rechner hängen nicht am Netz, sondern sind isoliert. Andererseits enthielten die entwendeten Dateien so viele nützliche und wertvolle Informationen, dass der volkwirtschaftliche Schaden für die Industrie des Westens sicher in die Millionen geht.

Admiral Poindexter hatte in der Tat vor Jahren den Vorschlag gemacht, eine neue Klasse in der Geheimhaltung von Informationen einzuführen. Er wollte auch sensitive, aber noch nicht geheime Daten schützen.

Sein Argument war dabei, dass durch die modernen Informationstechnologien viele kleine, in früheren Zeiten verstreute und damit nutzlose Informationen, miteinander korreliert werden können. Dadurch entstehen letztlich in der Summe doch schützenswerte Informationen.

Dieser Vorschlag wurde in den USA diskutiert. Admiral Poindexter konnte sich damals gegen den Widerstand der akademischen Welt und der Berufsverbände nicht durchsetzen. Später brachte er sich als der Chef von Oliver North und seine Verwicklung in die Iran-Affäre (Irangate) in Misskredit.

Im Nachhinein muss man einräumen, dass seine Beweisführung durchaus berechtigt war. Ich würde allerdings auch heute noch davon abraten, eine neue Stufe der Geheimhaltung einzuführen. Nicht deswegen, weil sensitive Daten nicht Schutz würdig wären, sondern aus einem anderen Grund: Ich sehe keinen praktischen Weg, sensitive Daten eindeutig zu erkennen. Schließlich ergibt sich der Wert für einen potentiellen Gegner erst aus der Kombination vieler solcher Daten mit Hilfe eines Rechners oder von Experten.

Vorbeugende Geheimhaltung lässt sich aber in einer Demokratie schwer durchsetzen, und gerade die Wissenschaft lebt nun einmal vom freien Fluss der Ideen und Informationen.

Das führt mich zu einem traurigen Kapitel im vorliegenden Fall, den Behörden. Das zuständige Büro des FBI hat sich strikt geweigert, einen Fall mit einer Schadenssumme von 75 Cent überhaupt in Erwägung zu ziehen und die Ermittlungen aufzunehmen.

Eine kleine Rechnung hätte die Agenten des FBI zu einer weit höheren Summe führen können: Setzt man die Ausrüstung des Rechenzentrums des Lawrence Berkeley Laboratory mit sechs Millionen Dollar an, und unterstellt man ein Verhältnis der Kosten von Hardware zu Software von 20 zu 80, dann ergibt sich der Wert der installierten Software zu 24 Millionen Dollar.

Weil in Berkeley wenig Standardsoftware zum Einsatz kommt, ist diese Annahme wohl gerechtfertigt. Weil der Hacker Systemprivilegien hatte, wäre er durchaus in der Lage gewesen, alle diese Programme zu löschen.

Auch mit Datensicherung bleibt fraglich, ob eine vollständige Rekonstruktion möglich gewesen wäre, von den Kosten einer solchen Aktion ganz zu schweigen.

Die Mitarbeiter der Geheimdienste CIA und NSA waren sich der Gefahr eher bewusst, wenn auch gegenüber Cliff Stoll sehr verschlossen. Da nach dem Gesetz weder die CIA noch die NSA im amerikanischen Inland tätig werden dürfen, ist ihre Zurückhaltung bis zu einem gewissen Grade gerechtfertigt.

Positiv hervorzuheben ist die Zusammenarbeit der Systemverantwortlichen für die Computer der Streitkräfte und einiger der Rüstungsfirmen. Die Mitarbeiter auf dieser Ebene waren sich der Gefahr wohl bewusst. Sie haben schnell und verantwortlich gehandelt.

Leider waren wenige Computer im militärischen Bereich und der Industrie und der Forschungseinrichtungen im Dunstkreis des Pentagons ausreichend abgesichert, und sie wurden deshalb eine leichte Beute der deutschen Hacker im Dienst des KGB.

Cliff Stoll hat eine Technik eingeführt, die auch in unseren Tagen bei der Abwehr von Angriffen von Hackern zum Einsatz kommt: Der *Honey Pot*.

Der Honigtopf stellt ein Verzeichnis dar, in dem sich Dateien befinden, die für den Hacker wertvolle, oftmals geheime, Informationen enthalten können. Natürlich handelt es sich lediglich um Spielmaterial, das mit entsprechenden Stichwörtern gespickt ist. Der Zweck besteht darin, den Hacker für eine Weile im System zu beschäftigen, um während dieser kurzen Zeitspanne seine Spuren verfolgen zu können.

2.3 Der Morris-Wurm

It has raised the public awareness to a considerable degree.

Robert Morris.

Die Aufregung über die Einbrüche in die Computer der USA durch die Hacker aus Hannover hatte sich noch nicht recht gelegt, als ein weiterer Fall erneut für Schlagzeilen sorgte. Diesmal kam der Angriff aus dem studentischen Bereich [1] einer Eliteuniversität.

2.3.1 Technik und Ausbreitung

Am 2. November 1988 wurde das amerikanische Internet angegriffen, ein riesiges Kommunikationsnetz, das ganz Nordamerika umspannt. Das Programm brach in Computer am Netz ein, sammelte Informationen über andere Computer, erzeugte erneut ein ausführbares Programm und griff dann weitere Computer über das Netzwerk an.

Der Schaden für die einzelnen Computer und Rechenzentren zeigte sich darin, dass das Programm sehr viele Prozesse beanspruchte und damit Speicherplatz belegte. In der Folge wurden diese Rechner so langsam, dass sie praktisch unbrauchbar waren.

Die infizierten Computer waren also lahmgelegt. Insgesamt waren etwa 6 000 Computer am Internet durch die Invasion dieses Wurmprogramms betroffen. Auch in diesem Fall machte sich der Designer des Programms in Fachkreisen bekannte Schwächen des Betriebssystems UNIX und seiner Abkömmlinge zunutze.

Diese UNIX-Programme und Kommandos waren:

- *fingerd* und *gets*
- *sendmail*

Das Systemprogramm *fingerd* dient dazu, sich Informationen über Benutzer am Rechner zu verschaffen. Es benutzt auch die Routine *gets*. Dies steht für *get string* und ist ein sehr nützliches und seit langem bekanntes Unterprogramm von UNIX. Die Schwäche dieses kleinen Programms liegt darin, dass die Länge der Zeichenkette nicht überprüft wird.

Wird die Länge des von *gets* benutzten Puffers überschritten, kommt weder eine Fehlermeldung noch bricht das Programm zunächst ab. Vielmehr wird einfach weitergeschrieben.

Der Hacker benutzte das Überlaufen des Daten-Puffers von

gets dazu, gezielt Informationen auf den *Stack* zu schreiben. Diese Daten wurden dann von einem anderen Programm so ausgeführt, als wären es eigene, legale Instruktionen.

Offensichtlich setzt diese Verfahrensweise tiefergehende UNIX-Kenntnisse voraus.

Das Programm *sendmail* dient dazu, in das Netzwerk hineinzuhorchen und Post für einen spezifischen Netzwerkknoten herauszufischen. Wird eine Nachricht entdeckt, so nimmt *sendmail* die Verbindung mit dem fremden Rechner auf und etabliert das Protokoll für die Übermittlung der vollständigen Nachricht.

Das Programm hat eine Debug-Option, die eigentlich nicht aktiv sein sollte. Leider ist dies bei vielen Rechnern nicht der Fall. Über die Option können auch Kommandos auf einem fremden Rechner ausgeführt werden. Genau dies tat der unbekannte Angreifer.

Daneben benutzte er ein eigenes Programm zum Knacken von Passwörtern. Sein Ansatz dabei war nicht allzu verschieden von der Methode, mit der Markus Hess vorging.

Der Wurm bestand aus drei Teilen. Jedes Modul hatte spezifische Aufgaben. Das *Bootstrap* oder *Vector Program* diente dazu, sich eine Basis auf einem fremden Rechner am Internet zu verschaffen. Es handelte sich um 99 Zeilen Code in C, der auf dem infizierten Rechner übersetzt und anschließend gestartet wurde.

Die zwei weiteren Teile des Wurms wurden nur im Binärcode übertragen. Sie waren entweder für einen UNIX-Rechner mit BSD-UNIX, also der Berkeley-Version des Betriebssystems, oder für die VAX-Version von UNIX bestimmt. Es konnte naturgemäß immer nur eine Variante auf einem bestimmten Rechner mit Erfolg installiert werden. Glückte dieser Versuch, dann ging das Programm an die Arbeit: Es analysierte die Ressourcen des Rechners und des Betriebssystems, suchte nach Verbindungen zu weiteren Computern und griff diese an. Es unternahm auch Schritte, um den eigenen, rechenintensiven Prozess zu verbergen. Das Knacken von Passwörtern verschlingt schließlich viel Rechenzeit.

Im Detail war der Mechanismus zum Installieren des Wurms wie folgt:

1. Das Bootstrap-Programm schuf sich einen Ansatzpunkt *(socket)* auf dem angegriffenen Computer und kreierte auch eine Datei.
2. Ein weiteres Programm wurde über das Netzwerk übertragen, der Code in C wurde auf dem Gastrechner übersetzt und anschließend ausgeführt.
3. Kurz darauf wurden zwei weitere Programme in der Binärversion übertragen. Konnte eines dieser Programme in der Umgebung des infizierten Rechners zur Ausführung gebracht werden, wurde es initialisiert. Klappte das nicht, wurde durch die Ausführung des Kommandos *rm (remove)* die Spuren des Eindringlings beseitigt.
4. War der Wurm auf dem neu infizierten Gastrechner erfolgreich, verwischte er die Spuren seines Eindringens.
5. Daraufhin versuchte der Wurm, sich weiter zu vermehren. Er durchsuchte die Dateien des Wirts. Er

griff weitere Rechner an, wenn er dafür geeignete Daten fand. Neben *sendmail* und *fingerd* benutzte er auch noch das UNIX-Kommando *rsh.*

Gestartet wurde der Wurm am 2. November 1988 um 5 Uhr nachmittags an der Ostküste der USA. Zwei Minuten später war bereits der nächste Rechner infiziert.

Die Stanford-Universität in Kalifornien, also an der Westküste der Vereinigten Staaten, wurde um 9 Uhr abends durch das Programm erreicht, und seine Computer begannen, zusammenzubrechen.

Weitere wichtige Computerzentren der USA folgten bald darauf:

- Das MIT-Projekt ATHENA um 21.30 Uhr
- Das Ballistic Research Laboratory der US-Streitkräfte, ebenfalls um 21 Uhr
- Die Universität von Maryland um 22.54 Uhr
- Die Universität von Kalifornien in Berkeley um 23 Uhr

Weitere Forschungsstätten und Unternehmen am Internet waren bald darauf betroffen, darunter die Firma SRI und das Lawrence Livermore National Laboratory (LLNL) in Kalifornien.

Robert Morris, Student

Die wichtigsten Rechenzentren der USA waren am Zusammenbrechen. Die Systeme waren durch Kopien des Wurms so langsam geworden, dass ein sinnvolles Arbeiten nicht mehr möglich war. Falls die Betreiber der Anlagen den Angriff auf ihr System noch rechtzeitig mitbekommen hatten, unterbrachen sie ihre Verbindung zum Internet. Nur noch lokaler Betrieb war möglich, und das grenzte die Arbeit der Benutzer schwerwiegend ein. Elektronische Post *(E-Mail)* ist eine recht weit verbreitete Form des Informationsaustauschs und der Kommunikation in den USA.

Der Hacker hatte es geschafft, Tausende von Computern und

noch viel mehr Forscher, Sekretärinnen, Studenten und Professoren für Tage zur Untätigkeit zu zwingen.

Der verursachte Schaden durch den Morris-Wurm wurde von einem Experten auf 98 Millionen Dollar geschätzt. Andere Fachleute kommen zu niedrigeren Summen, doch ein Millionenschaden war es allemal.

2.3.2 Die Reaktion

Take time to deliberate, but when the time for action has arrived, stop thinking and go in.
Napoleon Bonaparte

Bald setzte die Reaktion der Betroffenen ein. Sie gingen daran, den Virus zu analysieren und mögliche Gegenmaßnahmen zu planen. Das geschah an der Ost- und der Westküste der USA gleichzeitig.

Die massenhafte Verbreitung des Wurms in den Rechnern erwies sich dabei als seine größte Schwäche. Es gelang relativ schnell, die Technik des Hackers in groben Umrissen zu erkennen. Daraus resultierten diese möglichen Gegenmaßnahmen:

- Das *Sendmail*-Kommando ohne die *Debug*-Option zu übersetzen.
- Die *Fingerd*-Routine nicht mit dem Unterprogramm *gets*, sondern einer Prozedur zu übersetzen, die die Länge des Puffers überprüft.
- Die UNIX-Kommandos *cc* und *ld*, die der Wurm zum Übersetzen und Binden des Programms brauchte, einfach umzubenennen.

Dies alles waren lediglich temporäre Maßnahmen. Währenddessen ging die Suche nach einer dauerhaften Lösung weiter. Am Abend des Donnerstags gelang es einer Gruppe von Programmierern, eine Kopie des Binärcodes auf einer infizierten VAX von Digital Equipment zu ziehen. Dabei handelte es sich um einen Auszug *(dump)* des Hauptspeichers.

Nun hatte aber die Presse, allen voran das Fernsehen, Wind von der Geschichte bekommen. Die Journalisten stellten Fragen über Fragen. Bedauerlicherweise ließ sich der Wurm für das Fernsehen schlecht ins Bild setzen.

Einige Gruppen von Programmierern wurden durch den Presserummel natürlich in ihrer Arbeit behindert. Dennoch gelang es durch Decodierung des Wurmprogramms und Recompilierung des Binärcodes, den Quellcode des Programms zu erhalten und zu studieren. Damit war es nun möglich, gezielt Gegenmaßnahmen einzuleiten.

Nach einem Wochenende, an dem die meisten der Betroffenen von ihren Familien nicht allzu viel sahen, gingen viele Rechner mit neu installierten Betriebssystemen oder gepatchten *Sendmail* und *Fingerd*-Routinen wieder ans Netz. Eine Krise war gemeistert worden.

Relativ schnell war der Kreis der Täter eingeengt. Die Spuren deuteten nach Cornell, einer Elite-Universität im Norden des Staates New York. Als Hauptverdächtiger entpuppte sich Robert T. Morris, ein Student in Cornell.

Frühe Spuren des Wurms ließen sich bereits am 19. Oktober 1988 in einer *Logfile* auf einem der Rechner der Universität feststellen. Diese Attacken des Hackers dauerten bis zum 28. Oktober 1988. Dann schien er seinen Entwurf für den Wurm nochmals überarbeitet zu haben.

Obwohl sich die Universität Cornell aus rechtlichen Gründen mit einer offiziellen Stellungnahme zurückhielt, so fanden sich doch Beweise für das Erstellen des Programms durch Robert T. Morris in seinem *Account* auf dem Rechner der Hochschule.

Pikanterweise war unser Universitätsstudent der Sohn jenes

Bob Morris von der National Security Agency (NSA), dessen Aufgabe der Schutz von Computern gegen Eindringlinge aller Art war. Insofern darf man wohl vermuten, dass Robert T. Morris Junior mit der Materie vertraut war.

Auf Anraten seines Anwalts äußerte sich Robert T. Morris zu den gegen ihn erhobenen Vorwürfen zunächst nicht. Später wurde er angeklagt und schuldig gesprochen. Er musste mit einer Haftstrafe von bis zu fünf Jahren und einer Geldstrafe in Höhe von umgerechnet 425 000 Mark rechnen.

Nach den Erklärungen von Robert T. Morris vor Gericht wollte er mit dem Virus nur experimentieren. Er habe dabei allerdings die Kontrolle über den Versuch verloren. Das Urteil war relativ milde, vor allem wohl deswegen, weil der Richter den Wurm als einen Lausbubenstreich im Sinne von Ludwig Thomas einstufte. Der junge Morris bekam allerdings ausreichend Gelegenheit, bei Arbeit im sozialen Bereich über die Folgen seines gelungenen Streiches nachzudenken.

2.4 Ein begabter junger Mann

You may fool all the people some of the time; you can even fool some of the people all the time, but you can't fool all of the people all the time.

Abraham Lincoln

Der Prototyp eines US-amerikanischen Hackers ist Kevin Mitnick. Er wurde am 6. August 1963 geboren, wuchs also in einer Zeit auf, als Computer für ein breites Publikum erschwinglich wurden.

Im Alter von zwölf Jahren erfuhr Kevin von einem Busfahrer in Los Angeles, wo er sich einen Stempel kaufen konnte, mit dem er Fahrkarten selber erstellen konnte. In der Folgezeit benutzte er weggeworfene Tickets anderer Passagiere, um das Busnetz in Raum L.A. kostenlos zu nutzen.

Überhaupt war *Social Engineering* eine der liebsten Methoden von Kevin Mitnick. Lassen Sie mich das Vorgehen erklären: Nehmen wir an, dem Hacker fehlt noch das Geburtsdatum einer bestimmten Person, um in einer Datenbank Zugang zu dessen Bankkonto zu bekommen. Nun ruft er während der Mittagspause in der Firma an, in der dieser Manager arbeitet. Er hat sich vorher vergewissert, dass sein Opfer zum Lunch weggefahren ist.

Kevin Mitnick

In dieser Firma gibt sich Kevin als ein Freund des Managers aus, der mit ihm studiert hat. Leider hat er dessen Geburtstag vergessen. Er behauptet, dass er seinen alten Freund, den er erst kürzlich wiedergetroffen hat, mit einem Geschenk überraschen will. Welche mitfühlende, nette Sekretärin würde ihm die gewünschte Information verweigern?

Im Alter von 16 Jahren brach Kevin Mitnick in das Computersystem von Digital Equipment ein, auf dem gerade das neue Betriebssystem RSTS/E entwickelt wurde. Diese Software kopierte er. Der Hacker wurde für diesen Diebstahl im Jahr 1988 zu einem Jahr Gefängnis und drei Jahren überwachtem Freigang verurteilt.

Fast am Ende dieser drei Jahre hackte sich Mitnick in das Telefonsystem von Pacific Bell. Solche Aktivitäten waren ihm ausdrücklich verboten worden. Er floh und war für zweieinhalb Jahre auf der Flucht.

Während dieser Zeit brach Mitnick in eine Reihe von Computern ein, verschaffte sich falsche Ausweise, stahl Passwörter und entwendete Software von den größten Telefongesellschaften des Landes.

Er wurde am 15. Februar 1995 in Raleigh, South Carolina, gefasst. Vier Jahre später legte er ein Geständnis ab und wurde zu 46 Monaten Haft verurteilt. Seine Strafe fiel nicht zuletzt deswegen relativ hoch aus, weil FBI-Agenten [5] den Richter davon überzeugen konnten, dass der Angeklagte einen Atomkrieg auslösen konnte, indem er in einen Telefonhörer pfiff.

Diese Behauptung mag übertrieben erscheinen. Aber Richter sind in den seltensten Fällen Computer-Experten. Kevin Mitnick hingegen behauptete, dass er Informationen wie Passwörter allein durch Social Engineering erhalten habe, somit gar kein Verbrechen begangen habe.

2.5 Ein kleines Land im Ostblock

Computer setzten sich in den 1950er und 1960er Jahren zuerst in USA durch, am Anfang häufig in der Form von Mainframes von IBM. Sie waren teuer, und nur große Firmen und Konzerne konnten sich diese Maschinen leisten. Mit dem Eintritt des PCs in den Markt änderte sich das grundlegend. Nur tauchten Computer im Wohnzimmer vieler Bürger auf. Das galt nicht nur für die USA, sondern mit leichter zeitlicher Verzögerung weltweit. Die Faszination mit der neuen Technologie war global, doch es gab einen wichtigen Unterschied zwischen den USA und Entwicklungs- oder Schwellenländern: Die Anwender in jenen Ländern hatten weniger Geld zur Verfügung als die Bürger in den USA.

Mit der größeren Verfügbarkeit von Computern und Software steigerte sich das Potential zum Missbrauch dieser neuen Technik.

Viele von uns mögen bei Viren nicht in erster Linie an Bulgarien [34] denken, ein Land des Ostblocks. Doch in den 1980er Jahren wurde gerade dieses Land als Virusfabrik bekannt. Aus Bulgarien kam Schad-Software in großer Menge. Wer schrieb diese Programme, und aus welchen Motiven?

Bulgarien war ein sozialistisches Land, geplagt von einer galoppierenden Inflation, mit einer verfallenden Infrastruktur und Rationierungen bei Lebensmitteln und Benzin. Jeden Tag fiel der Strom aus, auf den Straßen liefen ausgesetzte wilde Hunde umher. Hunderte junger Programmierer versuchten sich auf ihren PCs mit Virenprogrammen. Sie würden nicht in Bulgarien bleiben…

Im Jahr 1989 erschien in *Computer for you*, dem führenden Magazin der Branche, ein Artikel, in dem behauptet wurde, dass die Berichterstattung in den Zeitungen zu Computerviren sensationslüstig und falsch sei. Der Autor war ein Mann namens Vesselin Bontchev, ein neunundzwanzig Jahre alter Forscher am Institut für Industrielle Cybernetik und Robotik an der Akademie der Wissenschaften in Sofia. Die Angst vor Computerviren, schrieb Bontchev, würde zu einer Massenpsychose führen.

Jeder Programmierer, behauptete der Forscher, könne es erkennen, wenn sein PC infiziert sei. Betroffene Dateien sind größer als das Original, ihre Ausführung wäre langsamer. Außerdem verhielten sich diese Programme seltsam: Sie spielten Melodien ab, brächten Christbäume auf den Bildschirm und booteten den PC. Folglich könne der Nutzer einen Befall durch einen Virus leicht erkennen. Es wäre ohne weiteres möglich, sich gegen Viren zu schützen:

- Lasse andere Leute nicht an deinen PC!
- Setze keine Software ein, die möglicherweise einen Virus in sich trägt
- Verwende keine Raubkopien

Bontchev sollte es später bereuen, diesen Artikel geschrieben und veröffentlicht zu haben. Er konnte sich das Maß der Unwissenheit der meisten Nutzer nicht vorstellen. Hinzu kam, dass die meisten Leute in seinem Land ihren Computer mit anderen teilten.

Als der Forscher diesen Artikel schrieb, hatte er selbst noch nie mit einem Computervirus zu tun gehabt. Er war überrascht, als zwei Männer in die Redaktionsräume von *Computer for you* kamen und behaupteten, dass sie ihm einen Virus zeigen könnten. Diese Besucher hatten ein Start-up gegründet, und sie nahmen für sich in Anspruch, nicht nur einen Virus gefunden, sondern auch Software zu dessen Beseitigung geschaffen zu haben. Sie hatten einen Laptop mitgebracht, und als sie ihr Programm starteten, verschwand der Virus.

Vesselin Bontchev

Bontchev war fasziniert. Es war das erste Mal, dass er einen Virus gesehen hatte – und einen Laptop. Die beiden Besucher erzählten, dass sie diesen Virus auch auf den Computern ihrer Firma eliminiert hätten. Der Forscher folgte ihnen, fand in einem Papierkorb den Quellcode des Virus und nahm diesen Ausdruck mit. Zu Hause tippte er diese Zeilen ab, Buchstabe für Buchstabe, Byte um Byte. Am Ende kam er zu dem Schluss, dass er einen Virus gefunden hatte, der unter dem Namen *Vienna* bekannt war.

Als Bontchev jedoch den Quellcode analysierte, war er frustriert. Er hatte ein Wunder erwartet, selbst reproduzierenden Code, guten Stil, schwarze Kunst. Was er fand, war ein schlecht geschriebenes Programm, doch dieser Code war zerstörerisch.

Der Forscher war nicht allein, andere Landsleute waren in der gleichen Branche unterwegs. Einer von ihnen sollte zu Bontchevs bittersten Feind werden. *Vienna* ist ein relativ einfacher Virus. Gerade deshalb eignet sich dieser Quellcode dafür, zu experimentieren.

Der Forscher schreckte davor zurück, weil er um seinen guten Ruf fürchtete. Sein Freund Todor Prevalsky hatte weniger Skrupel. Er war fasziniert von der neuen Technologie und schrieb selber ein Virenprogramm. Es ähnelte *Vienna*, löschte jedoch keine Dateien, sondern piepste lediglich, wenn es eine Datei infiziert hatte. Am 12. November 1988 ging dieses Programm an den Start.

In den nächsten Wochen fügte Prevalsky neue Features hinzu. Er experimentierte auch mit Anti-Viren-Software. Alle diese Programme sollten der Forschung dienen, im Institut bleiben, Fremden nicht zugänglich gemacht werden. Doch das klappte nicht: *Vienna* war der erste Virus aus Bulgarien, der die USA erreichte.

Das war möglich, weil auf Prevalskys Computer MS-DOS als Betriebssystem installiert war. Ein Schutz vor Viren war damals noch kein Thema. Prevalsky teilte seinen PC mit vier anderen Nutzern, und sie tauschten Disketten aus. Der Virus war aus dem Zoo entkommen.

Prevalsky war enttäuscht, weil er aus seinen Kreationen kein Kapital schlagen konnte. Bontchev dagegen veröffentlichte weitere Artikel und berichtete über seine Erfahrungen. Das hatte jedoch nicht erwartete Nebenwirkungen: Die Leser der Zeitschrift lernten, Virenprogramme zu schreiben, oder vorhandene Software dieser Art zu modifizieren. Bald erschien es so, als ob jeder Programmierer in Bulgarien den Ehrgeiz hätte, einen Virus zu kreieren.

Morton Swimmer, ein Forscher in Hamburg, wurde im Jahr 1990 in der NEW YORK TIMES zitiert: „Die Bulgaren stellen nicht nur die meisten Virenprogramme her, sie sind auch die besten."

Ein Jahr später entdeckte Bontchev jede Woche einen neuen Virus. Verzweifelte Nutzer riefen ihn an und baten um Hilfe. Er gründete eine Organisation, um Viren zu bekämpfen. Sie behandelte fortan Computerviren wie biologische Kampfstoffe.

Zur gleichen Zeit war ein Hacker aktiv, der sich in den Netzen *Dark Avenger* nannte und vorhatte, den ersten in Bulgarien selbst kreierten Virus ins Leben zu rufen. Er sollte sich als äußerst zerstörerisch herausstellen. Die erste Ausprägung nannte sich *Eddie*. Der Virus würde zunächst nicht angreifen, sondern sich im Speicher des Computers verstecken. Lud der Nutzer jedoch ein anderes Programm, würde es von Eddie infiziert werden. Damit würde sich Eddie weiter verbreiten.

Dieser Virus verbreitete sich langsam, war aber sehr effektiv. Wenn das infizierte Programm zum sechszehnten Mal gestartet wurde, kam die Meldung „Eddie lives … somewhere in time" auf den Bildschirm. Andere Programme konnten nicht mehr geladen werden.

Dark Avenger setzte seine Arbeit fort. Die neuen Virenprogramme waren raffinierter. Mit ihnen wurden Computer des Militärs, von Banken und Versicherungen, angegriffen. Ein weithin bekannter Angriff galt der Bibliothek des Britischen Unterhauses in London im Oktober 1990. Die Anwender waren verblüfft, als einige ihrer Dateien fehlten, andere falsche Zeichen enthielten. Ein Spezialist wurde hinzugezogen. Es konnte kein Virus gefunden werden. Aber es musste ein solches Programm aktiv sein, denn die Dateien wurden größer. In einer dieser Dateien fand der Spezialist das Wort NOMENKLATURA.

In der Sowjetunion wurden damit Funktionäre der kommunistischen Partei bezeichnet, die gewisse Privilegien genossen, etwas Zugriff auf Waren aus dem Westen. Dieses System existierte auch in Bulgarien.

Der renommierte britische Viren-Experte Alan Solomon fand heraus, dass Nomenklatura der tödlichste bisher verbreitete Virus war: Er löschte nicht einzelne Dateien, sondern griff die *File Allocation Table* (FAT) an. Wenn dieses übergeordnete Verzeichnis aller Dateien zerstört ist, war das Betriebssystem nicht länger in der Lage, sie zu finden und zu laden. Der PC war praktisch unbrauchbar geworden.

Dark Avenger wurde nun in einschlägigen Kreisen in Bulgarien zu einer Berühmtheit, doch niemand kannte seine Identität. Er und Vesselin Bontchev wurden zu erbitterten Rivalen.

Nun kam Sarah Gordon ins Spiel. Sie wuchs in bitterer Armut in St. Louis, Missouri, auf, verließ mit vierzehn Jahren die Schule und ihr Elternhaus. Drei Jahre später bestand sie alle Prüfungen in der Schule, ohne jemals am Unterricht teilgenommen zu haben. Sie hatte eine Reihe von Jobs, und Sarah liebte Computer. Im Jahr 1990 kaufte sie ihren ersten eigenen Computer, einen gebrauchten IBM PC/XT.

Bald kam Sarah etwas seltsam vor: Wann immer sie zur halben Stunde auf eine Datei zu griff, erschien ein Asterik auf dem Bildschirm. Die Dateien waren nicht infiziert, doch dieses Zeichen irritierte sie. Sarah hörte sich unter ihren Freunden um, doch in den 1990er Jahren waren Viren in den USA nicht überall bekannt.

Sarah ging in FidoNet, eines der ersten Netzwerke für zivile Nutzer und fand heraus, dass ein Hacker berühmt war: Dark Avenger. Sie fragte, ob er ein Virenprogramm nach ihr nennen würde. Dark Avenger ging darauf ein und stellte das Programm zur Verfügung. Der Text dazu lautete: „We dedicate this little virus to Sara Gordon, who wanted a virus named after her."

Sarah bedauerte es später, diesen Wunsch geäußert zu haben. Das Programm, das Dark Avenger geliefert hatte, war eine sogenannte *polymorphic virus engine*. Es kreierte Varianten von Viren, die Anti-Viren-Software angriff. Noch dazu war der Code relativ klein und kompakt. Jede Variante hatte einen leicht modifizierten Namen, war daher schwer zu entdecken.

Obwohl Bontchev seine Tage und Nächte damit verbrachte, die Leute zu bekämpfen, die Virenprogramme schrieben, hasste er diese Männer nicht. Mit ein paar von ihnen war er sogar befreundet. Weil Software in Bulgarien selten gekauft wurde, stattdessen mit Raubkopien gearbeitet wurde, begünstigte diese Praxis natürlich die Verbreitung von Viren.

Im Jahr 1994 wandte sich Sarah Gordon erneut an Dark Avenger. Sie schickte ihm eine Nachricht in seiner Muttersprache. Ihre Korrespondenz, die über fünf Monate anhielt, teilte sie mit einem Wissenschaftler. Dark Avenger zeigte Reue und schien die Folgen seines Tuns zu bedenken.

Wer der Hacker mit dem Pseudonym Dark Avenger ist, konnte bisher nicht ermittelt werden.

2.6 Der Krieg in Yugoslavian

A general who wins a battle makes many calculations in his temple before the battle is fought.
Sun Tzu

Während Hacker wie Kevin Mitnick für bestimmte Unternehmen in den USA lästig waren und für die Polizei und das FBI schwer zu lösende Fälle darstellten, waren sie doch inneramerikanische Probleme.

Mit dem raschen Vordringen des Internets und seine

Ausdehnung in die entlegensten Winkel unseres Blauen Planeten sollte sich das bald ändern. Nun konnten Hacker aus fremden Ländern Installationen in den USA angreifen, und in vielen Fällen taten sie das auch.

Der Konflikt im Kosovo und Jugoslawien [6] ist als der erste Krieg im Internet bezeichnet worden. Der Rauch über den Trümmern der Bomben, die über Häuser in Belgrad abgeworfen waren, hatte sich noch nicht verflüchtigt, als die ersten Angriffe aus dem Netz vorgetragen wurden. Die Webseite des Weißen Hauses wurde manipuliert. Ein Satz lautete nun: „Hackers wuz Here."

In den nächsten Tagen wurden Computer der US Navy untersucht, Daten gelöscht und der Zugang zu Webseiten blockiert. Auf Server der NATO wurde ein Angriff mit der Methode Distributed Denial of Service vorgetragen.

In diesen Tagen wurde der Begriff *Patriotic Hacker* geprägt, weil sich über das Internet Menschen aus Serbien, Russland und China als Angreifer versuchten. Ein Teil dieser Hacker-attacken konnte zu einer Gruppe in Belgrad zurückverfolgt werden, die sich ‚Schwarze Hand' oder *Crna Ruka* nannte.

Neben den Hackern, die mit den Serben sympathisierten, schwollen nach dem 7. Mai 1999 die Angriffe aus der Volksrepublik China an. Das lag daran, dass die USA an diesem Tag durch ein Versehen die chinesische Botschaft in Belgrad bombardiert hatten. Dabei kamen drei chinesische Diplomaten ums Leben, zwanzig weitere wurden verwundet.

Obwohl sich die Regierung der USA in Peking entschuldigte, entstand in diesen Tagen in China eine Gruppe von Hackern, die sich Honkers Union of China (HUC) oder Red Hackers Alliance nennt. Es wurden eine Reihe von Zielen in den USA angegriffen, darunter das Innenministerium, der Park-Service und das Energieministerium. Dessen Webseite konnte für einen ganzen Tag nicht erreicht werden.

Am Ende des Feldzugs waren insgesamt 170 Ziele aus dem Internet angegriffen worden. Davon richteten sich zwanzig gegen das Pentagon.

2.7 Die Olympischen Spiele

There is nothing like first-hand evidence.

Sherlock Holmes

Ein in der Presse der Bundesrepublik Deutschland wenig beachteter Fall ereignete sich während der Olympischen Spiele [7] im Jahr 2004 in Athen. Damals wurde eine ganze Reihe von Mobiltelefonen abgehört. Es waren Staatsmänner, Geschäftsleute und Manager aus dem arabischen Raum in großer Zahl zu Gast in Griechenland, und man darf vermuten, dass ihre Telefongespräche für Geheimdienste der westlichen Welt von Interesse waren.

Signifikant ist dieser Fall auch deswegen, weil das Betriebssystem der Telefongesellschaft während des laufenden Betriebs manipuliert wurde. Nun sind wir alle daran gewöhnt, dass Betriebssysteme nicht frei von Fehlern sind und auch nach der Auslieferung an den Kunden nachgebessert werden müssen. Um diese Änderungen wirksam werden zu lassen, ist jedoch ein Neustart des Computers notwendig. Bei einem Telefonsystem, das rund um die Uhr verfügbar sein soll, ist ein derartiger Neustart schwer vorstellbar, weil er den Betrieb stören würde.

Ericson, der Hersteller des Betriebssystems für die Zentrale der Telefongesellschaft, wollte ihre Software auch während des laufenden Betriebs verändern können. Zu diesem Zweck hielt man in allen Modulen des Programms Platz frei, um sie später für neue Software, also Updates, nutzen zu können. Die

Angreifer machten sich diese Funktion nutzbar, um eigenen Code einzuschleusen.

Am 9. März 2005 wurde die Leiche eines griechischen Elektroingenieurs in seiner Wohnung in Athen entdeckt. Costas Tsalikidis hatte sich offenbar erhängt. Die Polizei ging zunächst von einem Selbstmord aus.

Tsalikidis war bei Vodafone-Panafon, der griechischen Tochter von Vodafone, für die Planung des mobilen Netzwerks zuständig. Im Laufe der Ermittlungen stellte sich heraus, dass eine ganze Reihe von Mobiltelefonen, darunter das Handy des griechischen Premierministers und seiner Ehefrau, über Monate hinweg abgehört worden waren.

Die Täter hatten dafür gesorgt, dass die Gespräche wie üblich über die Basisstationen und die Vermittlungszentrale des Netzwerks durchgeführt werden konnten. Allerdings wurde im zentralen Computer ein paralleler Strom von Daten erzeugt, der auf die Endgeräte der Angreifer geleitet wurde. Sie waren auf diese Weise in der Lage, die abgehörten Telefongespräche zu belauschen und aufzuzeichnen.

Um die Technik dieser Abhöraktion zu verstehen, müssen wir näher auf das Betriebssystem von Ericson eingehen. Weil damit gerechnet werden muss, dass staatliche Stellen Telefonate abhören wollen, sind in dieser Software dafür zwei Komponenten vorgesehen: Das Remote-Control Equipment System (RES) ermöglicht es dem Betreiber des Systems, auf richterliche Anordnung hin die Gespräche eines bestimmten Teilnehmers abzuhören und aufzuzeichnen. Das ist die eher technische Seite einer legalen Abhöraktion. Für das Durchführen und Dokumentieren derartiger Tätigkeiten ist ein zweites Subsystem, das Intercept Management System (IMS) verantwortlich.

Als Anfang 2003 in Athen Ericson Release R9.1 seines Betriebssystems AXE bei Vodafone in Griechenland installierte, wurde zwar RES auf das System kopiert, nicht aber IMS. Mit anderen Worten: Die technische Möglichkeit zum Abhören von Telefongesprächen war gegeben, die Software zum Aufzeichnen der damit verbundenen Tätigkeiten fehlte aber.

Die Installation der Schad-Software war ohne Zweifel nicht einfach. Die Täter mussten vermeiden, von Systemprogrammierern erwischt zu werden und Spuren zu hinterlassen. Sie nutzten die Tatsache, dass das Betriebssystem auch während des laufenden Betriebs verändert werden kann. Ein Booten, wie das beim PC notwendig ist, war dafür nicht erforderlich.

Das Betriebssystem von Ericson besteht aus rund 1 760 Modulen oder Blöcken. In jedem dieser Module ist als Reserve freier Speicherplatz vorhanden, der für Updates genutzt werden kann. Die Angreifer installierten in diesem freien Speicherplatz ihre eigene Software und sorgten dafür, dass sie als reguläres Update vom Betriebssystem ausgeführt wurde. Damit wurden die Telefongespräche, beziehungsweise deren Kopien, auf vorher bestimmte Nummern umgeleitet. Insgesamt wurden 29 Module modifiziert.

Costas Tsalikidis

Die für das Abhören bestimmten Telefonnummern wurden direkt im Code der Schadsoftware gespeichert, erschienen somit für die Operatoren *nicht* in der Liste der Kunden mit einem Handy. Weiterhin wurde ein Kommando, mit dem die laufenden Tasks im Computer gelistet werden können, in einer Weise modifiziert, dass es die Tasks der laufenden Schad-Software für die Operatoren nicht anzeigte. Außerdem war eine Trapdoor vorhanden, damit die Angreifer auch später in das System eindringen konnten.

Die Eindringlinge in das System führten am 24. Januar 2005 ein Update ihrer Software durch. Dieses enthielt offensichtlich einen Fehler, denn in der Folge kam es dazu, dass Kurznachrichten nicht mehr an Kunden ausgeliefert werden konnten. Diese nicht gesendeten SMS führten zu Untersuchungen. Ericson teilte daraufhin Vodafone am 4. März 2005 mit, dass nicht autorisierte Software installiert worden war.

Der Binärcode konnte gesichert werden, musste allerdings erst in Quellcode rückübersetzt werden. Es stellte sich heraus, dass die Schad-Software etwa 6 500 Lines of Code enthielt. Für einen Virus oder ein Trojanisches Pferd ist das eine beträchtliche Menge Code.

Fehlende Aufzeichnungen seitens Vodafones in Athen, Unkenntnis der polizeilichen Ermittler in Athen über Software und falsches Handeln der Behörden und des Managements der Telefongesellschaft führten dazu, dass im Juli 2005 ein Großteil der System-Software neu aufgesetzt wurde, ohne die Spuren der Angreifer systematisch zu verfolgen.

Abgehört wurden rund hundert Mobiltelefone, darunter der Apparat des griechischen Premierministers, der Minister für Verteidigung, Justiz und die Außenpolitik. Ferner gehörten zu den belauschten Personen der Bürgermeister von Athen und der griechische Vertreter in der Europäischen Kommission. Man darf allerdings vermuten, dass es die Angreifer neben diesen Griechen auf die Gespräche der Besucher aus dem arabischen Raum abgesehen hatten, die während der Olympischen Spiele in Athen zu Gast waren.

In der Analyse der Geschehnisse können wir uns zwei Fragen stellen:

- Wer hatte ein Motiv, diese groß angelegte Abhöraktion durchzuführen?
- Wer hat die Kenntnisse und Fähigkeiten, eine Aktion dieser Art auszuführen?

Was die Motive betrifft, so wäre an erster Stelle der israelische Mossad zu nennen. Während der Olympischen Spiele hielten sich viele Besucher aus der arabischen Welt in Athen auf. Ihre Telefongespräche zu belauschen und aufzuzeichnen, hätte dem israelischen Auslandsgeheimdienst mit Sicherheit genutzt. An zweiter Stelle wäre die US-amerikanische CIA [2] oder die NSA zu erwähnen. Weil die arabische Halbinsel eine Brutstätte für Terroristen darstellt, hätte man in Langley durchaus auf die Idee verfallen können, in Athen auf breiter Front eine Abhöraktion zu starten.

Kommen wir damit zur zweiten Frage, den Fähigkeiten zur Planung und Durchführung einer solchen Aktion. Sie erforderte tiefgreifende Kenntnisse des Betriebssystems von Ericson. Es mussten Programmierer eingesetzt werden, die sich mit derartiger Software auskannten.

Die Aktion war also nicht das Werk von ein paar jugendlichen Hackern, sondern eine professionell geplante und durchgeführte Aktion. In der Folgerung landen wir bei den gleichen Verdächtigen wie bei unserer ersten Frage: Der CIA und dem israelischen Mossad. Beide Organisationen besitzen Einheiten, die für eine derartige Operation in Frage kommen.

Ob Costas Tsalikides Selbstmord begangen hat oder ermordet wurde, um Spuren zu verwischen, muss offen bleiben. Gegen die These vom Selbstmord spricht, dass er in wenigen Wochen heiraten wollte. Es besteht durchaus die Möglichkeit, dass er den Eindringlingen auf der Spur war und deswegen getötet wurde.

Auf der anderen Seite ist auch nicht auszuschließen, dass die Angreifer Hilfe durch einen Angestellten von Vodafone Griechenland hatten, dass die Tat also zumindest teilweise ein Insider Job war.

Zu denken gibt auch, dass relativ schnell eine neue Kopie des Betriebssystems installiert wurde. Damit wurden wertvolle Spuren verwischt. Es wäre nicht allzu schwer gewesen, die

Telefonnummern zu ermitteln, zu denen die abgehörten Telefongespräche umgeleitet wurden. Warum wurde dieser Ermittlungsansatz nicht verfolgt?

Geheimdienste reden nicht gerne über derart erfolgreiche Operationen. Wir können also nur spekulieren.

2.8 Der Streit um ein Denkmal

What is honored in a country will be cultivated there.

Plato

Die drei Baltischen Staaten waren im Verlauf des Zweiten Weltkriegs von deutschen Truppen besetzt worden. Nach dem Sieg der Sowjetunion rückte die Rote Armee ein. Die Bevölkerung kam von einer Diktatur in die nächste. Trotzdem hofften die Bürger, eines Tages über ihr Schicksal wieder selbst bestimmen zu können, wieder einen souveränen Staat gründen zu können wie zu Beginn des 20. Jahrhunderts.

Mit dem Zerfall der Sowjetunion erfüllten sich diese Hoffnungen. Beim Neuaufbau der Verwaltung und der Infrastruktur übersprang man manche Stufe, setzte in großem Maße auf das Internet. Obwohl die Bevölkerung in ihrer Mehrzahl aus gebürtigen Esten bestand, gab es eine starke russische Minderheit im Land. In Moskau war man großzügig mit der Ausgabe russischer Pässe. Diese Politik diente auch dazu, sich bei einem innerstaatlichen Konflikt auf der Seite russischer Bürger engagieren zu können.

Der Konflikt entzündete sich an einem Denkmal: Der Statue eines Soldaten der Roten Armee aus Bronze, der außerhalb der historischen Altstadt von Tallinn an einem belebten Platz aufgestellt war. Die estnische Regierung gab im Januar 2007 bekannt, dass der Bronzesoldat zu einem Militärfriedhof außerhalb der Stadt gebracht und dort erneut aufgestellt werden sollte.

Rotarmist in Tallinn

Die geplante Maßnahme stieß nicht auf Zustimmung im russischstämmigen Teil der Bevölkerung. Das Parlament in Moskau verlangte, dass das Denkmal auf seinem Platz bleiben sollte. Am 3. April drohte der russische Minister [6] Sergei Ivanov sogar mit einem Boykott von Waren und Dienstleistungen aus Estland.

Der Streit um das Denkmal spielte auch im Wahlkampf eine Rolle. Die Wahl wurde am 4. März 2007 abgehalten. Zwar wollten alle Parteien den Bronzekrieger entfernen; einige waren aber dabei radikaler als andere.

Am 26. April wurde der Platz abgesperrt, und einen Tag später wurde die Statue abtransportiert. Man begann nun damit, die sterblichen Überreste von Soldaten der Roten Armee zu bergen, die unter dem Sockel begraben worden waren. Diese Aktion ärgerte Mitglieder der russischen Minderheit in Tallinn, als auch ihre Unterstützer in Moskau gleichermaßen.

Am Abend des 27. Aprils, das war ein Freitag, bemerkten die

Operatoren von Computern in Estland erste Anzeichen eines Angriffs über das Internet. Webseiten wurden manipuliert, E-Mails wurden durch Spam und Phishing beeinträchtigt, und Server wurden langsamer, weil sie mit Anfragen überhäuft wurden. Das Datenvolumen im Internet stieg auf das Zehnfache des üblichen Werts.

Die Regierung Estlands war eines der Hauptziele der Attacken aus dem Internet. Ihre Webseite war am Nachmittag des 28. Aprils für acht Stunden nicht erreichbar.

Ein weiteres Ziel der Hacker waren die Banken der baltischen Republik. Obwohl eine Zusammenarbeit der Banken in Estland per Gesetz verboten ist, hatten die Verantwortlichen für die Sicherheit von deren Computern und Netzwerken seit Anfang der 1990er Jahre auf informeller Ebene die Zusammenarbeit gesucht. Der größte Angriff wurde am 8. Mai erwartet, also dem Ende des Zweiten Weltkriegs.

Die zweite Welle der Angriffe begann am 30. April und hielt bis zum 18. Mai an. Im Gegensatz zu den früheren Attacken wurde er über Bot-Netze vorgetragen, war also organisiert und koordiniert. Dazu gehörte auch ein Angriff auf die Hansabank, einer Tochtergesellschaft der schwedischen Swedbank. Die Internetseiten der beiden größten Banken in Estland waren für einen Zeitraum von 45 bis 90 Minuten nicht am Netz. Der dadurch erlittene Verlust wird auf eine Million Dollar [6] geschätzt.

Während der zweiten Welle der Angriffe aus dem Internet erhielten die Fachleute in Tallinn Unterstützung aus Finnland, Deutschland und Slowenien. Dazu zählten die folgenden Maßnahmen:

- Ausweitung der Kapazität von Servern in Tallinn
- Einsatz von Filtern für den Verkehr aus dem Ausland
- Blockieren von Verkehr aus bestimmten Regionen, hier

also Russland

Eine direkte Beteiligung der Regierung in Moskau an den Angriffen aus dem Internet konnte nicht bewiesen werden. In der Analyse zeigt sich allerdings, dass eine Reihe von Indizien zum Kreml weisen.

Untersuchtes Element	Beurteilung
Zuordnung des Angriffs zu einem Nationalstaat	Einige Spuren führen zu russischen staatlichen Institutionen
Werkzeuge oder Koordination des Angriffs in einer bestimmten Sprache?	Russisch benutzt
Staatliche Kontrolle über das Internet	Teilweise, aber zunehmend
Technisch ausgeklügelter Angriff?	Nicht besonders hoch
Qualität ausgesuchter Ziele	Weitgehend nicht zutreffend
Ärger und Wut in der Bevölkerung	Stark
Direkte negative Auswirkungen in der Wirtschaft	Gering
Direkte Unterstützung der Hacker durch die Regierung	Keine Beweise
Korrelation zwischen Aussagen der Regierung und von Individuen	Starke Korrelation
Staatliche Unterstützung bei der Aufklärung des Angriffs	Weigerung seitens der russischen Regierung zur Zusammenarbeit
Wer profitiert?	Russland

Korrelation mit politischen Zielen	Hoch
Korrelation durch bewaffnete Kräfte	Moderat

Tabelle 2-2: Analyse der Angriffe in Estland im Jahr 2007 [6]

Ob die Attacke auf einen Staat, der früher zum Reich des Bösen gehört hat und nun ein souveräner Staat ist, den Bossen im Kreml auf lange Sicht genützt hat, darf man bezweifeln. Die NATO hat beschlossen, ihr Zentrum zur Abwehr von Angriffen aus dem Internet in Tallin anzusiedeln.

Es gibt in vielen Ländern Osteuropas derartige Denkmäler, eine Erinnerung an die Truppen der Roten Armee. Wir finden auch eines in der österreichischen Hauptstadt. Die Wiener bemerken dazu spöttisch: „Das ist der einzige russische Soldat, der keine österreichischen Frauen und Mädchen vergewaltigt hat."

2.9 Die geschenkte Provinz

The past is a different country. They do things differently there.
L. P. Hartley

Ähnlich wie Estland hatte auch Georgien für den größten Teil des 20. Jahrhunderts zum sowjetischen Imperium gehört. In diesen Jahren war Südossetien zwar eine autonome Region, aber ein Teil Georgiens. Nach dem Zerfall der Sowjetunion erklärte sich diese Region als selbständig, wurde aber außer von Russland von keinem Staat der Erde anerkannt.

Ein Versuch von Mikheil Saakashvili, des Staatspräsidenten [8] von Georgien, die abtrünnige Provinz im Jahr 2004 durch

Gewalt zurückzuholen, scheiterte. Er versuchte es daraufhin mit diplomatischen Mitteln. Der Konflikt eskalierte im Frühjahr 2006, als Russland ein Exportverbot für Lebensmittel aus Georgien in Kraft setzte. Das betraf in erster Linie Wein aus Georgien, der in Russland durchaus beliebt war.

Am 27. September 2006 wurden vier Offiziere des russischen militärischen Geheimdienstes GRU festgenommen, die in Georgien spioniert hatten und einen Staatsstreich vorbereitet haben sollten. Im Kreml war man empört, und Gazprom verdoppelte prompt den Preis für sein Erdgas.

Georgiens besetzte Provinzen

Am 6. August 2007 schlug eine Rakete in einem Dorf in der Nähe von Tbilisi ein, die von einem russischen Kampfflugzeug vom Typ Sukhoi Su-24 in georgischen Luftraum abgefeuert worden war.

Am 7. August 2008 drangen reguläre russische Truppen durch den Roki-Tunnel in Südossetien ein. Am 9. August wurde an der Küste ein Kutter der Georgier versenkt. Der Krieg war schnell vorüber, weil die Streitkräfte der jungen Republik hoffnungslos unterlegen waren.

Ein vage formulierter Vertrag, der von Nicolas Sarkozy

ausgehandelt worden war, führte zu einem Waffenstillstand. Der Konflikt zwischen Georgien und seinem mächtigen Nachbarn im Norden schwelt allerdings weiter.

Was diesen Krieg allerdings aus der Sichtweise des Internets interessant macht, ist der Einsatz ungewöhnlicher Mittel. Befassen wir uns näher damit.

Gegenüber Estland hatte Georgien eine weit geringere Anzahl von Nutzern im Internet und eine weniger gut ausgebaute Infrastruktur. In dem Maße, in dem die kriegerischen Handlungen auf dem Boden zunahmen, eskalierte allerdings auch der Konflikt im Internet. Es wurden Angriffe über Bot-Netze vorgetragen, und die Website des Staatspräsidenten wurde so oft angegriffen, dass sie für 24 Stunden nicht mehr genutzt werden konnte.

Neben der Webseite des Staatspräsidenten wurden auch die Seiten des Parlaments, des Außenministeriums, des Innenministeriums, anderer Behörden und einiger Banken blockiert. Das führte dazu, dass die verantwortlichen Politiker in Georgien ihre Sicht der Dinge gegenüber dem Ausland und den Medien nicht darstellen konnten.

Die Angriffe auf Banken hatten zur Folge, dass diese Institute ihre Arbeit einstellen mussten. Bürger Georgiens konnten in der Folge kein Geld mehr abheben, sich auch nicht mit Lebensmitteln versorgen.

Die Antwort Georgiens auf die Angriffe aus dem Internet konnte nicht sehr effektiv sein, weil das kleine Land keinen direkten Zugriff auf das weltweite Netz hatte. Es musste sich vielmehr auf seine unmittelbaren Nachbarn, also die Türkei, Armenien und Russland, verlassen. Allein 70 Prozent des Verkehrs wurde über Server in Russland abgewickelt.

Ein Teil der Webseiten wurde vorübergehend von Servern im Ausland übernommen. Darunter waren Hosts in Polen, Estland und in den USA.

Auch in diesem Fall kann man fragen, wer hinter den Attacken aus dem Cyber Space steckt und wer verantwortlich zu machen ist. Sehen wir uns dazu Tabelle 2-3 an.

Untersuchtes Element	Beurteilung
Zuordnung des Angriffs zu einem Nationalstaat	Viele Angriffe konnten bis nach Russland verfolgt werden, besonders zu kriminellen Banden innerhalb Russlands
Attacke durch einen Nationalstaat oder staatliche Organisationen?	Keine belastbaren Beweise
Für die Werkzeuge oder die Abstimmung der Angriffe verwendete Sprache	Russisch
Staatliche Kontrolle über das Internet	Teilweise, aber zunehmend
Technisch ausgeklügelter Angriff?	Durchaus zutreffend
Qualität ausgesuchter Ziele	Nein
Ärger und Wut in der Bevölkerung	Weit verbreiteter Ärger in Russland
Direkte negative Auswirkungen in der Wirtschaft Georgiens	Gering, keine klaren Hinweise
Direkte Unterstützung der Hacker durch die Regierung	Nicht zutreffend
Korrelation zwischen Aussagen der Regierung und von Individuen	Stark

Staatliche Unterstützung bei der Aufklärung des Angriffs	Russland hat in keiner Weise geholfen, die Attacken aufzuklären
Wer profitiert?	In erster Linie Russland
Korrelation mit politischen Zielen	Starker Zusammenhang
Korrelation durch bewaffnete Kräfte	Sehr starker Zusammenhang; es herrschte Krieg

Tabelle 2-3: Analyse der Angriffe in Georgien Estland im Jahr 2008 [6]

Wenngleich eine direkte Urheberschaft Russland für die Angriffe aus dem Netz nicht nachgewiesen werden kann, deuten doch viele Hinweise in diese Richtung. Der KGB hat niemals gezögert, kriminelle Banden für seine Zwecke einzuspannen. Die Nachfolgeorganisationen FSB und SVR [9, 2] werden in dieser Hinsicht auch keine Skrupel haben.

Der FSB, der zunächst lediglich für Operationen im Inland zuständig sein sollte, darf inzwischen auch im Ausland tätig sein. Es zeichnet sich ein Muster ab: Die Kommunisten im Kreml scheinen entschlossen zu sein, die kleinen Staaten am Rande ihres Imperiums erneut zu Vasallen degradieren zu wollen.

Während der Regierungszeit von Joseph Stalin wurde Ossetien geteilt, der südliche Teil der Provinz wurde Georgien zugeschlagen. Nikita Chruschtschow, selbst ein gebürtiger Ukrainer, hat in den 1950er Jahren seiner Heimat Ukraine die Halbinsel Krim geschenkt. Inzwischen ist die Ukraine ein souveräner Staat, und die Flottenbasis der Schwarzmeerflotte ist lediglich an Russland verpachtet. Dieser Vertrag läuft im Jahr 1917 aus.

Auch in der Ukraine gibt es viele Familien, die russische Pässe besitzen. Das zaristische Russland hat wegen der Krim mit England einen blutigen Krieg ausgefochten. Wir dürfen gespannt sein, wie dieses Problem gelöst werden kann.

2.10 Solar Sunrise

Es gibt Maler, die verwandeln die Sonne in einen gelben Fleck,
andere verwandeln einen gelben Fleck in die Sonne.

Pablo Picasso

Im Februar 1998 war abzusehen, dass im Persischen Golf ein
Krieg nicht zu vermeiden war. Ein Kontingent von 45 000 US-
amerikanischen Truppen war an der Grenze zum Irak
stationiert.

Während der Aufmarsch amerikanischer Truppen [6] anhielt,
hatte man im Pentagon den Eindruck, dass im Cyber Space der
Krieg bereits begonnen hatte. Am 1. Februar hatte die US Air
Force entdeckt, dass ihre Rechner von einem Angreifer
infiltriert wurden, der seine Basis offenbar in den Vereinigten
Arabischen Emiraten hatte. Also in unmittelbarer Nähe des
Persischen Golfs.

Diese Angriffe hielten für drei Wochen an, vom 1. bis zum 26.
Februar 1998. Im Pentagon vermutete man, dass der Irak hinter
diesen Angriffen steckte. Im Juni 1997 hatte man eine Übung
durchgeführt, um für Attacken aus dem Internet gerüstet zu
sein. Bei diesem Manöver waren signifikante Mängel in der
Verteidigung aufgedeckt worden.

Ein paar Wochen später ergaben die Ermittlungen, dass hinter
SOLAR SUNRISE zwei Teenager aus Kalifornien und ein
Hacker aus Israel steckten. Dies beweist einmal mehr, dass
Angriffe aus dem Internet von überall her vorgetragen werden
können. Zwar war der Schluss, dass der Irak hinter den
Attacken stecken könnte, angesichts der geopolitischen
Situation verständlich. Er war trotzdem falsch.

SOLAR SUNRISE machte sich einen Fehler in Release 2.4 und
2.6 von Suns Betriebssystem Solaris zu Netze. Davon wurde
auch der Name der Operation abgeleitet. Im Detail

provozierten die Hacker einen *Buffer Overflow* und erhielten auf diese Weise die Kontrolle über das Betriebssystem.

Im Dezember 1997 war ein Patch verfügbar, um diesen Fehler zu beseitigen. Er war offenbar noch nicht überall angewandt worden.

Es wurden keine vertraulichen oder geheimen Dokumente gestohlen oder zerstört. Die Hacker drangen aber in diese Bereiche vor:

- Die Domain Name Server des Pentagons
- Das globale Transportsystem des Militärs
- Das Finanzsystem des Pentagons
- Das E-Mail-System

Den Spuren der Hacker zu folgen, erwies sich als aufwendig. Der erste Anlaufpunkt waren Server in den Vereinigten Arabischen Emiraten. Es wurden auch die Computer von Universitäten genutzt, weil dort die Sicherheitsvorkehrungen erwartungsgemäß lax waren. Die Spur führte in den USA nach Harvard. Von dort aus wurden Basen der Air Force und der US Navy auf der gesamten Welt angegriffen.

Zuletzt wurden zwei Teenager in Kalifornien, die in der Szene die Namen *Makaveli* und *Stimpy* hatten, als die verantwortlichen Hacker identifiziert. Sie waren beide sechszehn Jahre alt. Leider war die Aufregung in der Öffentlichkeit so groß, dass die beiden Teenager von ihrer bevorstehenden Verhaftung auf CNN hörten, bevor der Haftbefehl überhaupt vollstreckt werden konnte.

Eine Auswertung der vom FBI abgehörten Telefongespräche ergab, dass noch eine dritte Person in den Fall verwickelt war. Es handelte sich um einen Hacker aus Israel, der den Spitznamen *The Analyzer* hatte. Er war 18 Jahre alt, hieß Ehud Tenenbaum und lebte in Tel Aviv.

Ein Jahr später wurde dieser Hacker zu einem halben Jahr Arbeit in sozialen Einrichtungen und einer Geldstrafe von

18 000 Dollar verurteilt. Trotzdem wurde Tenenbaum in Israel zu einer Art Nationalheld. Premierminister Benjamin Netanyahu pries die Fähigkeiten des Hackers als „verdammt gut", aber auch als „sehr gefährlich."

Nicht vergessen sollten wir dabei, dass Tenenbaum auch in das Computersystem der Hamas, einer Terrororganisation, vorgedrungen war. Man darf vermuten, dass die Streitkräfte des Judenstaats oder der Mossad für einen derart begabten jungen Mann eine nützliche Arbeit finden würden.

2.11 Moonlight Maze

„Play it, Sam. Play 'As time goes by'".
                                        Ingrid Bergman

Die Angriffe, die unter dem Begriff MOONLIGHT MAZE zusammengefasst werden, sind nicht eine einzelne, begrenzte Attacke. Vielmehr wurden in den späten 1990er Jahren über einen Zeitraum von drei Jahren hinweg immer wieder Computersysteme des US-Militärs infiltriert.

Ziele der Hacker in den USA waren diese Installationen:

- Das Internet Protocol Router Network, ein nicht als geheim eingestuftes Netz des Pentagons
- Die NASA
- Das Department of Energy
- Das US-Verteidigungsministerium
- Verschiedene Forschungseinrichtungen und Labors der Industrie

Es keimte bald der Verdacht, dass russische Spione hinter den Angriffen stecken könnten. Zwar führten Spuren zu einer Adresse in der Nähe von Moskau. Ein eindeutiger Beweis war das allerdings nicht.

Die russische Regierung weigerte sich, bei der Verfolgung der Hacker mitzuwirken.

2.12 Operation Buckshot Yankee

All we need to do is to throw something odd and unaccountable in his way.
          Sun Tzu

Das Netzwerk des Pentagons, das geheime Dokumente enthält, ist nicht direkt mit dem Internet verbunden. Das würde es Hackern zu leicht machen, in diese Netze vorzudringen. Man spricht in Fachkreisen vom *Air Gap*.

Soweit die Theorie. Wenn allerdings eine Armee in den Krieg zieht, sei es nun im Kosovo, im Irak oder in Afghanistan, dann werden die Offiziere ihre Laptops oder Notebooks mitnehmen. Es soll sogar vorgekommen sein, dass ein Offizier in London in einem Taxi seinen Laptop mit geheimen Inhalten einfach vergessen hat.

Irgendwann im Sommer 2008 [6] wurde irgendwo im Nahen Osten ein Memory Stick in die Aktentasche oder das Brief Case eines Offiziers gesteckt, der mit einem Virus verseucht war. Dieser Virus war in der Lage, die Trennung des Internets zu den geheimen Netzwerken des Pentagons zu überwinden. Er hatte damit Zugriff sowohl auf nicht geheime als auch geheime Dokumente und Unterlagen.

Es war das erste Mal, dass ein geheimes Netzwerk des US-Verteidigungsministeriums infiltriert wurde. Die Verteidigung gegen diesen Virus bekam den Namen BUCKSHOT YANKEE.

Lange bevor das Netz des Pentagons angegriffen wurde, war der Virus im Internet unterwegs. Er wurde von der finnischen Sicherheitsfirma F-Secure entdeckt und bekam den Namen *Agent.btz*. Es handelte sich dabei um eine Variante von *SillyFDC*, einem Wurmprogramm.

Der Virus war in den nächsten Wochen und Monaten bei den Truppen in Kuwait, Bahrain, der Türkei und Afghanistan weit verbreitet.

Eine der Eigenschaften des Virus bestand darin, dass er regelmäßig versuchte, über das Internet eine Verbindung zu seiner Basis herzustellen. Das führte letztlich zu seiner Entdeckung im geheimen Netz des Pentagons. Ein junger Analyst im Advanced Networks Operations (ANO) Team der NSA in Fort Meade fielen diese Signale auf. Es wurden sofort Maßnahmen eingeleitet, um die Wirksamkeit des Virus zu unterbinden.

In der Folge wurden bei der Truppe Tausende von Memory Sticks eingesammelt und untersucht, um den Speicherbaustein identifizieren zu können, von dem die Infektion ursprünglich ausgegangen war. Diese Aktion hatte keinen sichtbaren Erfolg.

Immerhin führte BUCKSHOT YANKEE dazu, dass die bisher eher bei den verschiedenen Waffengattungen der US-Streitkräfte angesiedelten Experten zur Bekämpfung von Viren und anderen Arten von Ungeziefer zentralisiert wurden. Die Rolle der NSA wurde aufgewertet.

2.13 Die neue Art der Kriegsführung

Programme, die andere Programme zerstören können, sind uns seit den Anfangsjahren beim Umgang mit Computern bekannt. Denken wir nur an die *War Games*.

Doch mit Stuxnet erleben wir einen Quantensprung. Zum ersten Mal wurde ein Computerprogramm, also Software, eingesetzt, um Hardware zu zerstören. Damit eröffnen sich für Hacker, und für Streitkräfte der Nationalstaaten, gänzlich neue Möglichkeiten der Kriegsführung.

Dieses Projekt bekam von den Beteiligten den Namen Operation Olympic Games. Mitte des Jahres 2000 kamen drei Entwicklungen zusammen:

1. Erhebliche Fortschritte des Irans beim möglichen Bau einer Atombombe
2. Fragen, welche Optionen Israel und die USA haben würden, um die Aufrüstung des Gottesstaats zu verhindern
3. Fortschritte der israelischen Unit 8200 im Bereich der Software

Die Einheit 8200 ist aus Spezialisten zum Abhören von Funksprüchen [48] der feindlichen Nachbarn des Judenstaats entstanden. Davon gibt es genug, Israel ist von Feinden umgeben wie kaum ein anderes Land. Es gab am Anfang erbitterten Streit darüber, ob diese Einheit dem Mossad, oder den Streitkräften, zugeordnet werden sollte. Die Generäle der Israeli Defense Force (IDF) haben sich am Ende durchgesetzt.

Im Jahr 2005 war die Anlage in Natanz, in der Uran angereichert wurde, voll einsatzfähig. Tausende von Zentrifugen drehten sich Tag und Nacht. Man schätzte im Westen, dass das Land binnen fünf Jahren in der Lage sein könne, eine Atombombe zu bauen.

Traditionelle militärische Operationen sind mit erheblichen Risiken verbunden, der Ausgang ist ungewiss. Die Anlagen im Iran lagen geografisch weit voneinander entfernt, waren befestigt und teilweise lagen sie unter der Erde. Wenn der Iran die Straße von Hormus, durch ein Großteil des Rohöls aus Saudi Arabien und den Golfstaaten transportiert wurde, blockieren würde, konnte eine weitweite Wirtschaftskrise die Folge sein.

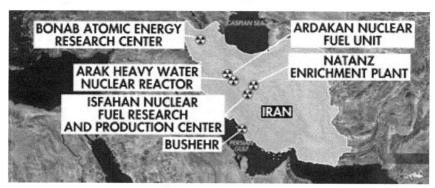

Nuklearanlagen im Iran

Die Strategen im Pentagon warnten, und General Keith Alexander von der NSA, und sein Gegenpart bei der Unit 8200, Colonel Y, begannen damit, andere Optionen in Betracht zu ziehen.

Die Schwierigkeiten zeichneten sich ab, als man sich die Methode des Irans zur Anreicherung von Uran, also die Gewinnung des waffenfähigen U235, näher anschaute. In Natanz wurde in Tausenden von Zentrifugen, die mit einer Geschwindigkeit von rund 63 000 Umdrehungen pro Minute rotierten, höher angereichertes Uran gewonnen.

Zentrifugen in Natanz

Diese Zentrifugen boten ein attraktives Ziel, weil sie einen wesentlichen Teil des iranischen Programms darstellten, aber auch fragil und verwundbar waren. Sie mussten wegen der hohen Geschwindigkeit enorme Fliehkräfte aushalten, und selbst kleine Veränderungen in der Geschwindigkeit konnten zu großen Schäden führen.

Die Wissenschaftler des Labors in Los Alamos erklärten, dass die Zentrifugen in Natanz durch *Resonance Frequency Attacks*, also Änderungen der Geschwindigkeit, in ihren kritischen Komponenten zerstört werden könnten.

Um den Angriff durchführen zu können, taten sich drei Organisationen zusammen:

- Die National Security Agency der USA brachten ihre Erfahrung mit Programmen ein, und man wusste auch von Schwachstellen in Windows und der Software von Siemens, die bei der Zentrifugen eingesetzt wurde. Der Aufwand wird mit $300 Millionen angegeben.

- Die Unit 8200 brachte ihre Kenntnis der Gegebenheiten im Iran ein, die man durch das jahrelange Abhören von Funksprüchen gewonnen hatte.
- Der CIA fiel die Aufgabe zu, die Schadsoftware zu verteilen und dazu verschiedene Mittel einzusetzen.

Michael Hayden, der damalige Chef der CIA, erklärte: „Wir haben nicht nur Erkenntnisse über das iranische Nuklearprogramm geteilt. Sondern wir haben Fähigkeiten entwickelt, die keine der drei Organisationen allein hätte schaffen können."

Zu den Vorbereitungen gehörte der Bau einer Anlage in Oak Ridge, die eine Kopie der Fabrik in Natanz darstellte. Das war natürlich alles geheim, und Oak Ridge ist der Ort, wo im Zweiten Weltkrieg das waffentaugliche Uran U235 für den Bau der Atombomben der USA gewonnen wurde. Beim Betrieb dieser Anlage fand man heraus, dass im Wechsel zwischen dem normalen Betrieb und einer sehr hohen Geschwindigkeit der Zentrifuge Risse entstehen konnten, die Wochen oder Monate später zum Versagen führen würden. Der zeitliche Abstand war natürlich kritisch, denn die Betreiber der Anlage würden nicht sofort von einem gezielten Angriff ausgehen, sondern eher auf natürlichen Verschleiß tippen.

Um Stuxnet schaffen zu können, wurde auf nicht weniger als vier *Exploits* gesetzt. Also Fehler oder Schwachstellen in der eingesetzten Software. Dazu gehörten Angriffspunkte in Windows und der Software von Siemens, mit der die Zentrifugen gesteuert wurden.

Um Stuxnet zu den Zentrifugen zu bringen, wurde auf USB Sticks gesetzt. Diese Datenträger wurden von Mitarbeitern in Natanz, darunter auch Service-Personal von Fremdfirmen, verwendet. Eine der Schwachstellen bestand darin, dass ein Programm auf dem USB Stick automatisch ausgeführt wurde, wenn auf diesen Datenträger zugegriffen wurde. Hinzu kam, dass die Ausführung der Tasks durch Windows manipuliert wurde.

Sobald Stuxnet erkannt hatte, dass sich die Software in einem System befand, das eine Zentrifuge kontrollierte, begann das Programm damit, die Operationen zu analysieren. Dabei verbarg es seine Anwesenheit gegenüber den Operatoren.

Eine der wesentlichen neuen Fähigkeiten von Stuxnet bestand darin, physikalische Prozesse zu beeinflussen und die Betreiber mit falschen Informationen in Sicherheit zu wiegen. Die Geschwindigkeit der Zentrifugen wurde geändert, aber die Operatoren bemerkten das nicht.

Die Anlage in Natanz hatte keinen Zugriff auf das Internet, und auch nicht zu anderen Netzen. Man spricht hier von *Air Gap*. Diese Schranke konnte durch den Einsatz von USB Sticks jedoch überwunden werden.

Der Angriff war elegant. In bestimmten Abständen würde die Geschwindigkeit der Zentrifugen von den normalen 1 064 Hertz auf 1 410 Hertz erhöhten werden. Dadurch würde eine Zentrifuge mit der Zeit zerstört werden, aber die Ursache blieb im Dunkeln.

Im Frühjahr 2009 war im Kontrollraum in Natanz der Ingenieur Mahmoud Behesti der Verzweiflung nahe: Auf den Bildschirmen wurde eine normale Operation angezeigt, Geschwindigkeiten um 1 064 Hertz, Vibrationen im erträglichen Umfang, der Fluss von Uran-Hexafluorid normal. Doch die Zentrifugen fielen in erhöhten Umfang aus. Ersatzteile brachten keine Abhilfe.

Es wird geschätzt, dass durch Stuxnet rund tausend der fünftausend Zentrifugen in Natanz zerstört wurden. Das ist rund zwanzig Prozent der Kapazität der Anlage. Das geschah in den Jahren 2009 und 2010, und führte über Monate zu einer Störung der Anreicherung von Iran.

Entdeckt wurde der Virus im August 2010 durch Sergey Ulasen, einem Programmierer, der in Weiß-Russland [48] für eine Sicherheitsfirma tätig war. Der Code unterschied sich erheblich von Viren und Würmern, alles, was man bisher auf diesem Gebiet an Schadsoftware gesehen hatte.

Dieser Code erhielt bald den Namen Stuxnet, und seine Entdeckung sorgte für eine Schockwelle in der Branche. Das war eine neue Art, einen Angriff vorzutragen. Was konnte man dagegen tun?

Anfang April 2021 [16] wird ein Angriff auf die Anlage zur Anreicherung von Uran in Natanz bekannt. Dadurch wird die vom Netz unabhängige Stromversorgung der Gebäude zerstört. Es hat sich offenbar auch eine Explosion ereignet. Nach einem Bericht in der NEW YORK TIMES soll dadurch der Iran in seinem Atomprogramm um neun Monate zurückgeworfen worden sein.

Stellen wir diese Angriff in den politischen Kontext: Donald Trump hatte im Jahr 2018 das Abkommen mit dem Iran, das zur Begrenzung von dessen Programm zum Bau einer Atombombe dienen sollte, einseitig gekündigt. Die neue Administration unter Joe Biden scheint zu Beginn des Jahrs 2021 bereit zu sein, in neue Verhandlungen mit dem Iran einzutreten. Allerdings nicht zu den Bedingungen, die von den Ayatollahs vorgetragen werden.

Es stellte sich natürlich sofort die Frage, wer für diesen Anschlag verantwortlich ist. Dem israelischen Mossad ist es in den letzten Jahren gelungen, eine Reihe von erfolgreichen Operationen im Iran durchzuführen. Bei einigen dieser Missionen des Geheimdienstes dürften Oppositionelle aus dem Land beteiligt gewesen sein.

Wie üblich in solchen Fällen, übernimmt die Regierung in Jerusalem weder die Verantwortung für den Anschlag, noch dementiert sie. Aviv Kochavi, der Generalstabschef der Armee, erklärte jedoch bei einer Gedenkveranstaltung für gefallene Soldaten: „Die Aktivitäten der israelischen Armee im Nahen Osten bleiben den Feinden nicht verborgen. Sie beobachten sie, sie sehen unsere Fähigkeiten, überlegen sich ihre Schritte vorsichtig."

Schaden durch die Explosion

Regierungschef Benjamin Netanjahu äußerte sich am 12. April 2021 anlässlich des Besuchs des US-Verteidigungsministers Lloyd Austin wie folgt: „Meine Politik als israelischer Premierminister ist klar: Ich werde Iran niemals erlauben, die nuklearen Fähigkeiten zu erlangen, um sein Ziel des

Völkermords und der Auslöschung Israels zu verfolgen. Israel wird damit fortfahren, sich gegen iranische Aggression und Terrorismus zu verteidigen."

Es dürfte klar sein, dass die Position des Iran bei den Verhandlungen zum Wiedereintritt der USA in das Abkommen zur Begrenzung seines Atomprogramms in Wien geschwächt wurde.

2.14 Der Nachfolger

Beim Entwurf der Software für industrielle Steuerungen, sei es nun ein Walzwerk oder ein Stromnetz, ging es lange Jahre in erster Linie um Effizienz und möglichst geringe Kosten. Die Sicherheit war, falls sie überhaupt in Betracht gezogen wurde, eher eine Nebensache.

Das spielte insofern keine Rolle, als diese Anwendungen Insellösungen waren. Doch das änderte sich mit dem Vordringen des Internets. Nun konnte jeder, der im Besitz eines PC war, versuchen, Zugriff auf die Programme in diesen Anlagen zu erlangen.

Sechzig Minuten mögen nicht viel Zeit sein, doch wenn die Stromversorgung [26] ausfällt und man dringend auf Strom angewiesen ist, kann diese Zeitspanne wie eine kleine Ewigkeit erscheinen. Im Jahr 2016 fiel in der ukrainischen Hauptstadt Kiew für eine Stunde der Strom aus. Es war eine Attacke aus dem Internet, und dafür verantwortlich war eine Software, die den Namen *Industroyer* bekam, offensichtlich eine Kombination der Worte *Industry* und *Destroyer*. Man kann dieses Programm als das am besten ausgedachte seit dem Auftreten von Stuxnet bezeichnen.

Nach den Berichten des Netzbetreibers war das Programm in der Lage, Verteilerstationen anzugreifen und lahm zu legen.

Dazu wurde eine Schwachstelle, ein sogenannter *Exploit,* genutzt, der CVE-2015-5374 heißt und in den Systemen SIPROTEC von Siemens vorhanden ist. Dieser Fehler kann dazu genutzt werden, um eine Denial of Service Attacke (DDOS) durchzuführen, also einen Prozessor durch Überlastung zu blockieren.

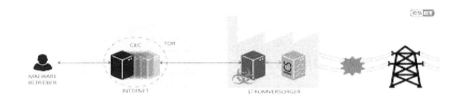

Vorgehen von Industroyer

In einigen Systemen stellt DDOS eher eine Belästigung für die Nutzer dar, doch wenn es um kritische Infrastruktur geht, können die Auswirkungen gravierend sein. Diese Schad-Software war auch in der Lage, eine Kopie anzufertigen, die wie ein Trojaner wirkte und sich als Windows Notepad tarnte. Sollte das angreifende Programm entdeckt werden, würde diese Kopie einspringen. Die Software griff Sicherungen in den Trafo-Stationen und Verteilern an. Es war auch eine Komponente vorhanden, die den Zeitpunkt des Angriffs festlegen würde.

Ferner war ein Modul enthalten, das Administrator-Rechte unter Windows besaß und *Wiper* genannt wurde. Es war in der Lage, Dateien zu löschen und somit Spuren der Attacke zu beseitigen. Zuletzt wurde das System zum Absturz gebracht.

Die Software war so ausgelegt, dass sie die jeweilige Programmiersprache und die Umgebung in den Anlagen verstand. Sie hatte auch Kenntnisse über die eingesetzten Protokolle. Die meisten dieser industriellen Anlagen besitzen keine Funkverbindung, etwa ein WLAN. Sie nach einem Ausfall wieder in Betrieb zu nehmen, ist schwierig und zeitintensiv.

Es kam schnell der Verdacht auf, dass die russische Hacker-Gruppe Sandworm für diesen Angriff verantwortlich sein musste. Es sollte jedoch bis ins Jahr 2020 dauern, bis das US-Justizministerium Sandworm als Einheit 74455 des russischen Auslandsgeheimdienstes GRU identifizieren konnte. Sie soll im Moskauer Stadtteil Chimki ihren Sitz haben.

Ein weiterer Angriff auf Umspannwerke in der Ukraine erfolgte am 12. April 2022, nun mit einer verbesserten Software namens *Industroyer 2*. Dazu gehörten auch weitere Schad-Programme:

- HermeticWiper
- CaddyWiper
- ORCSSHRED
- SOLOSHRED und
- AWFULSHRED

Industroyer.V2 baut auf dem Vorgängerprogramm auf, enthält jedoch auch neue Funktionen. Für den Verbindungsaufbau wird das Protokoll IEC 60870-5-104 (IEC-104) verwendet. Es wird in erster Linie zur Überwachung von Kraftwerken eingesetzt und kommt in Verbindung mit dem Internetprotokoll TCP (Transmission Control Protocol) zum Einsatz. IEC-104 wird häufig in Europa und dem Nahen Osten verwendet. Diese Schad-Software ist sehr flexibel und kann sich an verschiedene Umgebungen anpassen.

Die Auseinandersetzung in der Ukraine baut auf sogenannte hybride Kriegsführung. Sie beschränkt sich nicht auf den Einsatz von Waffen, sondern setzt auch darauf, die kritische Infrastruktur eines Landes anzugreifen und außer Gefecht zu setzen.

Was die Bundesrepublik Deutschland betrifft, so ist die

Drosselung von Gaslieferungen ein Teil dieser Strategie des Kremls. Können in Deutschland auch Kraftwerke und Stromnetze angegriffen werden? Es gibt keinen Grund, das Russland nicht zu unterstellen.

2.15 Ein Angriff der anderen Art

Eine Gruppe von Hackern namens Predatory Sparrow, die Israel zugeordnet wird, hat einen der wirkungsvollsten Angriffe auf den Iran [46] ausgeführt. Dabei wurden die Zahlungssysteme von Tausenden Tankstellen im ganzen Land zerstört. Sogar ein Stahlwerk wurde durch Feuer außer Betrieb gesetzt.

Nun, während im Juni 2025 israelische Kampfflugzeuge Ziele im Iran angreifen und ballistische Raketen aus dem Iran Städte wie Tel Aviv, Haifa und Beersheba treffen, scheinen sich diese Hacker das Finanzsystem des Landes vorgenommen zu haben.

Logo von Predatory Sparrow

Predatory Sparrow benutzt oft den Namen *Gonjeshke Darande* in Farsi, doch das scheint lediglich eine Täuschungsmanöver zu sein. Am 18. Juni wurde in X bekannt gegeben, dass die Crypto-Börse Nobitex angegriffen worden sei. Dieses Unternehmen wird beschuldigt, Sanktionen zu umgehen und im Auftrag der iranischen Führung Terroristen zu unterstützen. Die Hacker zerstörten Bitcoins im Wert von $90 Millionen. Wohlgemerkt: Das Geld wurde nicht, wie bei Hackern üblich, gestohlen.

Im gleichen Zeitraum wurde die Bank Sepah angegriffen. Predatory Sparrow behauptet, dass alle Daten des Instituts gelöscht worden seien. Die Bank wird beschuldigt, Irans Revolutionsgarden zu unterstützen, aber auch das Militär des Landes. „Vorsicht", schrieben die Hacker, „Zusammenarbeit mit dem Regime, Sanktionen zu umgehen, der Bau von Ballistischen Raketen und die Anreicherung von Uran zu unterstützen, ist schlecht für die Bank und ihre Finanzen."

Ein Experte aus Schweden, Hamid Kashfi, berichtet, dass das Online Banking von Sepah nicht mehr funktioniere und die Bankautomaten außer Betrieb wären.

Ein weiterer Angriff richtete sich gegen die TV-Sender des Irans. Dazu wurden Bildunterschriften verwendet, in denen die Zuschauer dazu aufgerufen werden, sich gegen das herrschende Regime zu wenden.

2.16 Bankraub der neuen Art

It's just like having a licence to print your own money.
Lord Thomson of Fleet

Manche Aktionen von Hackern sind politisch motiviert, andere haben allein den Zweck, Geld zu erbeuten. Im Gegensatz zu den Bankräubern des 19. und 20. Jahrhunderts, die dazu mit Pistolen bewaffnet in Bankfilialen erschienen sind, gehen die Bankräuber der neuen Art weniger martialisch vor. Sie nutzen Computer und Software.

Im Mai 2013 [12] drangen Hacker in das Computersystem einer Firma in Indien ein, die für Banken weltweit Zahlungsdienstleistungen erledigt. Dort stahlen sie Daten für Pre-paid-Karten einer Bank aus den Vereinigten Arabischen Emiraten. Gleichzeitig erhöhten sie das Limit für Zahlungen.

In der Folge schickten sie die erbeuteten Informationen an Fußsoldaten rund um den Globus. Diese programmierten den Magnetstreifen von Bankkarten neu und hoben damit an Bankautomaten Geld ab. Allein in New York City wurden an 2 905 Bankautomaten 2,4 Millionen Dollar erbeutet.

Insgesamt wird der entstandene Schaden auf 45 Millionen Dollar, umgerechnet etwa 34 Millionen Euro, geschätzt. Damit handelt es sich um den bisher größten Bankraub mit Hilfe von Software und des Internets.

2.17 Studenten außer Kontrolle

Paras Jha und bestimmte Kommilitonen [36, 37] schufen an der Universität Rutgers an der US-Ostküste zuerst ein Virenprogramm namens Mirai. Es wurde ins Internet entlassen und sorgte dafür, dass eine Vielzahl von Webseiten zusammenbrachen, von New Jersey bis Alaska. Im September 2016 wurde der Quellcode auf einer von Hackern frequentierten Webseite veröffentlicht. Er wurde in der Folge von anderen Hackern eingesetzt, um Angriffe zu starten und große Teile des Internets lahm zu legen.

Das Neue an *Mirai* war, dass der Virus Netzwerke mit dem Betriebssystem Linux in Botnets verwandeln konnte. Ein Botnet bezeichnet eine Gruppe automatisierter Programme auf vernetzten Rechnern, bei denen Programme und Daten von Hackern gekapert werden.

Die Silbe *Bot* ist dem Wort Robot entnommen, und Mirai stammt aus der japanischen Sprache und steht für Zukunft.

Mirai unterschied sich grundlegend von bisher bekannten Viren. Sobald das Programm aktiv ist, sucht es im Internet nach Adressen von Geräten, die man als *Internet of Things* (IoT) bezeichnet. Die Software greift dabei bestimmte Netze nicht an, darunter die Post der USA und Rechner des Pentagons. Ferner besitzt der Virus eine Liste häufig gebrauchter Namen von Nutzern und Passwörter.

Infizierte Rechner fallen nicht sofort aus, sondern arbeiten weiter. Dem Besitzer mag allenfalls auffallen, dass das Gerät langsamer reagiert und mehr Ressourcen beansprucht. Wird es neu gestartet, erfolgt eine erneute Infektion, falls der Nutzer nicht innerhalb sehr kurzer Zeit dies verhindert und sein Passwort ändert. Mirai löscht konkurrierende Virenprogramme.

Es gab eine ganze Reihe von Geräten, die gängige Parameter zum Einloggen benutzen. Deswegen wurden sie eine leichte Beute von Mirai.

Der Virus greift Geräte an, die mit einem Prozessor von ARC ausgestattet sind. Mirai übernimmt die Kontrolle und macht aus ihnen Bots, oder Zombies. Nun entsteht ein Botnet. Es ist besonders gut geeignet, um Angriffe vorzutragen, die DDOS (Distributed Denial of Service) genannt werden.

Im Internet sucht der Virus zunächst nach Geräten, die mit einem ARC-Prozessor ausgerüstet sind. Auf ihnen läuft eine abgespeckte Version des Betriebssystems Linux. Falls der Besitzer das vorgegebene Passwort und den Namen nicht geändert hat, kann sich Mirai auf diesem Gerät einloggen. Die Infektion ist nun erfolgt.

Zu den Geräten im Bereich IoT können Baby Phones, Autoradios, Fahrzeuge, Routers, Videokameras, Kopfhörer, Rauchmelder, Toaster, oder Monitore in einem OP-Saal gehören. Angesichts der Vielzahl dieser Geräte, kann ein Virus dieser Art Tausende von Geräten unter seine Kontrolle bringen.

Für ein Botnet ist ein Server zuständig, der als C2 oder C&C (Command & Control Server) bezeichnet wird. Sobald ein Gerät infiziert ist, sendet es eine Nachricht an C&C. Diese Verbindung wird so lange aufrechterhalten, bis der Server eine Aktion einleiten will. Sie kann im Senden von Spam bestehen, das Ausspähen von Passwörtern oder einen Angriff mit DDOS.

Botnets können auf mehreren Ebenen gebildet werden, mit einer Reihe von Servern. Diesen Untergruppen können dabei spezifische Aufgaben zugewiesen werden. Umso komplexer das Geflecht der Botnets ist, desto schwerer wird ihre Löschung werden.

Botnets gehören aus den folgenden Gründen zu den gefährlichsten Viren im Internet:

- Sie können Spam-Mail in großer Menge erzeugen und senden
- Sie können die Rechner von Internet Server Providers (ISPs) infizieren und sie lahm legen
- Mit ihnen können DDOS-Attacken vorgetragen werden
- Der Anwender kann dazu verleitet werden, mit der Maus bestimmte Grafiken anzuklicken
- Das Verhalten eines menschlichen Nutzers beim Einloggen kann simuliert werden
- Es können Daten von Kreditkarten gestohlen werden, der Hacker kann Zugriff auf Girokonten erlangen

Obwohl Jha letztlich verantwortlich war, wurde er vor Gericht wegen der Angriffe anderer Hacker nicht angeklagt. Diese Täter blieben weitgehend unerkannt. Jha gab im Zeugenstand allerdings zu, dass er zwischen 2014 und 2016 das Netzwerk auf dem Campus von Rutgers wiederholt zum Absturz gebracht habe. Dabei hatte er den Handle *exfocus* benutzt. Die Angriffe waren zeitlich so terminiert, dass sie für Studenten, Professoren und Mitarbeiter den größten Ärger verursachen würden. Jha nannte kein Motiv für seine Taten.

Das Strafmaß reichte bis zu zehn Jahren Haft. Hinzu kommen $250 000 Geldstrafe. Außerdem hat sich Jha bereit erklärt, zur Minderung der Folgen seiner Taten $221 000 zu spenden.

Am 15. Dezember 2017 bekannte sich Paras Jha vor Gericht als schuldig. „Er ist ein brillanter junger Mann, dessen Intellekt und technischen Kenntnisse weit über seinen Alter hinaus entwickelt waren", erklärte der Anwalt.

Para Jha

Der Staatsanwalt von New Jersey, William Fitzpatrick, trug vor, dass der entstandene Schaden für die Universität zwischen $3,5 und $9,5 Millionen liegen würde. Darüber hinaus habe die Hochschule angekündigt, drei Millionen Dollar für die Sicherheit ihres Netzwerks zu investieren. Das dürfte der Grund dafür gewesen sein, dass im Folgejahr die Studiengebühren angehoben wurden.

Der Richter verurteilte Jha zu sechs Monaten Hausarrest. Außerdem musste der Student eine Wiedergutmachung in Höhe von $8,6 Millionen leisten.

2.18 Der Hacker, der Paris verfolgte

Prominente haben es schwer, sie stehen dauernd im Licht der Öffentlichkeit. Handelt es sich um eine schöne, begehrenswerte Frau, etwa Claudia Schiffer, Pamela Anderson oder Paris Hilton, dann können auch Paparazzi hinter ihnen her sein. Sie wollen ein Foto dieser Frau ergattern, möglichst textilfrei.

Es ist auch vorgekommen, dass eine Schauspielerin in Hollywood von einem Stalker verfolgt wurde. Unter diesen Umständen ist es nicht verwunderlich, dass unter den Jägern solcher Frauen auch ein Hacker auftaucht.

Cameron LaCroix [38] war noch minderjährig, als er das Mobiltelefon von Paris Hilton hackte, Aktfotos kopierte und sie im Netz veröffentlichte. Die Frage ist natürlich, wie Cameron LaCroix an die Zugangsdaten des Mobiltelefons von Paris Hilton gekommen ist. Er versuchte es mit Social Engineering, einer von Kevin Mitnick oft angewandten Methode, und rief in einem Laden von T Mobile USA [37] an der kalifornischen Küste an. Der Hacker gab sich mit einem erfundenen Namen als Manager vom Hauptquartier aus und behauptete, dass die Angestellten in dieser Niederlassung Probleme mit den Konten ihrer Kunden hätten.

Paris Hilton

Der Angestellte erwiderte, dass das System zuweilen etwas langsam wäre, aber sie hätten keine großen Probleme.

„Genau das steht hier in dem Bericht", sagte Cameron. „Lass uns das ansehen."

Der Hacker fragte nun nach der IP-Adresse der Webseite von T-Mobile, sowie den Namen eines Managers und dessen Passwort. Das sind vertrauliche Informationen, aber der Hacker erhielt sie.

Cameron loggte sich auf dieser Webseite ein und fand heraus, dass Paris Hilton ein Kunde von T-Mobile war. Wie genau es weiter ging, wissen wir nicht mit Sicherheit. Aber Cameron könnte so vorgegangen sein: Wenn ein Anwender seinen Nutzernamen und sein Passwort vergessen hat, wird er oder sie sich in der Regel bei der Webseite des Unternehmens einloggen. Wenn der Kunde nun eine gültige Telefonnummer eingab, aber das Feld mit dem Namen leer ließ, konnte er trotz teilweise fehlender Daten auf seinen Account zugreifen.

Der Server antwortete zwar mit einer Fehlermeldung, doch Cameron war nun in der Lage, das Passwort zu ändern. Er hatte Zugriff auf alles, was in der Cloud in Bezug auf das Mobiltelefon von Paris Hilton gespeichert war. Dazu gehörten:

- Kontakte, also Telefonnummern anderer Prominente
- E-Mails
- Fotos
- Notizen

Nicht zuletzt gehörte zu dem geraubten Material ein Video, in dem Paris Hilton in der Nacht vom 15. Juni 2001 mit ihrem Liebhaber Rick Salomon beim Sexualakt zu sehen war. Salomon verbreitete dieses Filmmaterial später ohne die Zustimmung seiner Partnerin über die Firma Red Light District unter dem Titel *A Night in Paris*.

Für diese Tat wurde Cameron LaCroix in Massachusetts elf Monate lang in einer Haftanstalt für Jugendliche eingesperrt.

Doch auch nach seiner Haftentlassung blieb er nicht untätig.

Diesem Hacker werden die folgenden Verbrechen zu geschrieben:

- Eindringen in das Netz der lokalen Polizei, Zugriff auf E-Mails und das Entwenden von Berichten, darunter von Sexualstraftätern
- Manipulieren von Dateien des Bristol Community College, um daraus Vorteile zu ziehen. LaCroix war als Student eingeschrieben.
- Entwenden von Dateien mit den Kreditkarten-Informationen von 14 000 Kunden.

Im Jahr 2014 wurde dieser Hacker in den USA zu vier Jahren Haft verurteilt.

2.19 Unser Mann in Washington

Beim Kampf um das Weiße Haus im Jahr 2016 traten zwei sehr unterschiedliche Persönlichkeiten gegeneinander an: Hillary Clinton, eine Politikerin mit langjähriger Erfahrung, und Donald Trump, ein Bauunternehmer. Er war ein Populist, und er spielte nicht immer ganz fair. Befassen wir uns zuerst mit diesem Kandidaten.

Der erste Trump in den USA, Friedrich Trump, begründete das Vermögen der Familie. Er wollte Frisör werden, verließ allerdings im Alter von sechzehn seine Heimat in Deutschland und wanderte in die USA ein. Er kam aus einer Region mit dem Ort Kallstadt, in der Trauben geerntet wurden.

Der Vorname mutierte bald zu Frederick, und der junge Mann fuhr nach Seattle. Dort war damals Holzverarbeitung die größte Industrie. Am 17. Juli 1897 machte die SEATTLE POST mit der Schlagzeile auf. „Gold! Gold! Gold!"

Es wurde von Männern berichtet, die mit Gold vom kanadischen Yukon zurückgekommen waren und Gold im Wert von $100 000 mitgebracht hatten. Trump verkaufte alles, was er hatte, und machte sich auf die Reise.

Die Fundstätten zu erreichen, erwies sich als schwierig. Die erste Etappe der Reise konnte in einem überfüllten Dampfer zurückgelegt werden, es ging über Berge, nach Kanada und zum Fluss Yukon. Das Boot musste Trump selber bauen. Es wird geschätzt, dass rund dreitausend Pferde, Maulesel, Ochsen und Hunde im White Pass gestorben sind. Die Goldsucher hatten keine Wahl: Sie mussten über diese Kadaver gehen.

Trump sah eine Gelegenheit: Die Abenteurer mussten essen. Er eröffnete ein Restaurant. Das übliche Mahl bestand aus gerade frisch geschlachteten Pferdefleisch. Trump verzichtete nun darauf, mit Pickel und Schaufel nach Gold zu suchen. Sein Motto lautete fortan: Melke die Goldsucher!

Während seines dreijährigen Aufenthalts in Kanada betrieb Trump mit einem Partner zwei Restaurants, zuerst in Bennett Lake, dann in Whitehorse. Diese Gaststätten hatten einen guten Ruf, doch das war nicht alles. Größere Gewinne warf der Verkauf von Schnaps und das Bordell ab. In den Zimmern der Huren gab es Wagen, auf denen der Goldstaub gewogen werden konnte.

Eine Herberge für die Goldsucher

Zu Beginn des Jahres 2001 setzte die kanadische Regierung Gesetze strikter durch. Prostitution sollte verboten werden, der Verkauf von Alkohol sollte eingeschränkt werden. Es wurde schwieriger, ergiebige Goldminen zu finden. Trump sah die Zeichen an der Wand. Er verließ den Yukon mit beträchtlichen Ersparnissen.

Trump kehrte mit $582 000 in heutigem Wert nach Deutschland zurück. Er war bereits in Bremerhaven angekommen, doch man ließ ihn nicht ins Land, weil er nicht in der bayerischen Armee gedient hatte.

Immerhin fand er während dieser Zeit eine Frau und segelte mit ihr nach New York.

Donald Trump hat offensichtlich den unternehmerischen Geist seines Großvaters geerbt. Er arbeitete zunächst im Bauunternehmen seines Vaters, *Trump Management*. Daraus wurde später *The Trump Organization*.

Bekannt wurde der Geschäftsmann durch Projekte in

Manhattan, aber auch mit Casinos im Spielerparadies Atlantic City in New Jersey. Er organisierte Miss-Wahlen und war auch im internationalen Geschäft mit Neubauten und Golfplätzen präsent.

Wenden wir uns für einen Augenblick Russland zu. Bereits zur Zeit der Sowjetunion erhielten gelegentlich ethnische Juden Visa, um nach Israel ausreisen zu dürfen. Sie kamen mit dem Zug in Wien an, und dort hatten Hilfsorganisationen aus den USA ihre Stände aufgebaut. Vor die Wahl gestellt, in Israel in einem Kibbuz zu arbeiten oder ein relativ sorgenfreies Leben in den USA zu beginnen, entschieden sich viele dieser Migranten für die zweite Option.

Der KGB war nicht untätig und nutzte diese Kontingentflüchtlinge, um Agenten in die USA einzuschleusen. Darunter waren auch Kriminelle. Ein großer Teil dieser Einwanderer wählte als ihre neuen Heimat New York, und in Brooklyn entwickelte sich Brighton Beach zu einem Zentrum russischen Lebens. Es wurde bald als *Little Odessa* bezeichnet.

Leben in Brighton Beach

Dieser Brückenkopf des russischen Geheimdienstes diente dazu, Gelder in die USA zu transferieren. Das FBI erwies sich zunächst als nicht sehr effektiv, man hatte keine Beamte, die russisch sprachen.

In den 2000er Jahren wurde es jedoch zunehmend schwieriger, großen Summen Geldes auf Konten in den USA zu überweisen. Ein Schlupfloch blieb jedoch unentdeckt: Der Bausektor.

Der Grund und Boden in Manhattan ist teuer, ein Hochhaus zu errichten, verschlingt Millionen. Hier kommt Donald Trump ins Spiel. Der Unternehmer erhielt von den russischen Bauherren achtzehn Prozent des Eigentums [33] an einem Neubau. Er musste dafür kein eigenes Geld ausgeben, lediglich der Büroturm würde den Namen *Trump Tower* erhalten. Wer kann bei einem solch lukrativen Deal schon Nein sagen?

Donald Trump

Es gibt eine Reihe von Geschichten über Donald Trump. Bei seinem fürstlichen Anwesen Mare-a-Largo in Florida lud er eines Tages einen Unternehmer dazu ein, für die Umgestaltung eines Festsaals ein Angebot zu unterbreiten. Dieser Handwerker sah sich um, und schließlich fragte Donald Trump, was ihm diese Sache kosten würde. Der Anbieter nannte eine Summe von zwei Millionen Dollar.

Der Auftraggeber erklärte: „Die Sache ist mir achthunderttausend Dollar wert."

Die Arbeiten wurden durchgeführt, Donald Trump war offenbar damit zufrieden. Doch er weigerte sich, zwei Millionen Dollar zu bezahlen. Der Auftragnehmer kannte Donald Trump. Kaum war er verschwunden, rückten seine Arbeiter wieder an und versetzten die Hälfte des Saals in den alten Zustand.

Werfen wir nun einen Blick auf das Verfahren zur Wahl des US-Präsidenten. Es bietet Chancen, die ein geschickter Taktiker für sich nutzen können sollte.

Das System zur Wahl des US-Präsidenten ist durch die Geschichte der Union geprägt. Man wollte den Präsidenten direkt vom Volk wählen lassen, doch angesichts der geografischen Ausdehnung des Landes, mit Küsten an zwei Weltmeeren, erwies sich das als nicht praktikabel.

Deshalb entschied man sich dafür, in den einzelnen Bundesstaaten Wahlmänner zu bestimmen. Diesen fällt die Aufgabe zu, den Präsidenten zu wählen. Hier gilt der Grundsatz: *The winner takes it all*. Das heißt, dass der Sieger im jeweiligen Bundesstaat alle Wahlmänner bekommt, die Stimmen des Gegners bleiben unberücksichtigt. Das führt natürlich dazu, dass sich Bewerber für das Amt beim Wahlkampf auf Staaten fokussieren, in denen viele Wahl-männer gewonnen werden können, also etwa New York, Kalifornien und Texas, aber auch Florida. Schwach besiedelte Staaten wie North Dakota oder Wyoming sind weniger interessant.

Im Extremfall kann diese Vorgehensweise dazu führen, dass ein Kandidat zwar der Mehrzahl der Stimmen seiner Landsleute *(popular vote)* bekommt, aber dennoch nicht ins Weiße Haus einziehen wird. Weil der Gegner eine Mehrheit der Wahlmänner hinter sich versammelt hat.

Auch die zeitliche Abfolge ist, aus heutiger Sicht, nicht zeitgemäß. Wahltag ist stets der erste Dienstag nach dem ersten Sonntag im November. Im 19. Jahrhundert mussten die Wahl-männer, oft auf Pferdes Rücken, nach Washington reiten. Das führte dazu, dass der neue Präsident erst im Januar des folgenden Jahres vereidigt und in sein Amt eingeführt werden konnte.

Wenden wir uns damit dem Kandidaten aus dem Lager der Demokraten zu. Bill Clinton und seine Ehefrau Hillary Diane Rodham Clinton sind beide Juristen. Hillary hatte nach dem Studium einen Job bei einer renommierten Anwaltskanzlei in Washington in Aussicht, doch sie folgte ihrem Liebhaber nach Little Rock, Arkansas. Das wunderte nicht wenige ihrer Freunde. Doch möglicherweise sah Hillary in diesem jungen Mann ein Potential, das ihren Zeitgenossen verborgen blieb. Dazu muss man wissen, dass der Bundesstaat Arkansas in den USA einen Ruf genießt wie Ostfriesland in der Bundesrepublik. Es gibt kaum Industrie, wenige große Unternehmen haben ihr Hauptquartier in Arkansas. Immerhin kommen die meisten der in den USA verzehrten Hähnchen aus diesem Staat.

Hillary arbeitete in Little Rock in einer Anwaltskanzlei, Bill Clinton wurde zum Gouverneur gewählt. Er bezeichnete Arkansas einmal als unregierbar. Bei seinen Reisen im Land lernte er gelegentlich eine gut aussehende junge Frau kennen und lud sie nach Little Rock ein.

Bill traf diese Frauen im Gartenhaus des Anwesens. Derweil warteten Polizisten, *State Troopers* genannt, vor dem Hochhaus der Kanzlei darauf, dass Hillary Feierabend machen würde. Tauchte die Ehefrau auf, musste die Geliebte schnell weg gefahren werden.

Nun ist es nicht gerade die Aufgabe von Polizisten, als Taxifahrer für Ehebrecher zu dienen. Bill Clinton versprach diesen Männern allerdings, dass er ihnen gut bezahlte Jobs beim FBI beschaffen würde, wenn er zum US-Präsidenten gewählt werden würde.

Als er das allerdings geschafft hatte und im Weißen Haus war, konnte sich Bill Clinton nicht mehr an sein Versprechen erinnern. Einige der Polizisten begannen daraufhin, mit Journalisten zu reden. Es erschienen Artikel in der Presse, aber nicht alle Amerikaner glaubten diesen Geschichten. Doch es gab Ende der 1990er Jahre eine junge Frau namens Monika

Lewinski. Ihre Eltern waren Parteifreunde, Monica war Praktikantin im Pentagon, sie hatte einen Pass für das Weiße Haus und besuchte oft das Oval Office, obwohl sie dort eigentlich nichts zu tun hatte.

Es stellte sich heraus, dass Bill Clinton eine weitere Geliebte hatte. Das war ein Skandal, doch politisch schadete es dem Paar im Weißen Haus auf lange Sicht nicht. Im Rennen um das Weiße Haus im Jahr 2008 trat Hillary Clinton zunächst gegen den späteren Präsidenten Barack Obama an, zog ihre Bewerbung aber zurück und diente seit dem Januar 2019 als Außenministerin der USA.

Im März dieses Jahres zeigte Clinton dem russischen Außenminister Sergei Lavrov einen *Reset Button*. Er sollte als Symbol für einen Neustart der Beziehungen zu Russland dienen. In Moskau war Dmitry Medvedev als Präsident ins Amt gekommen. Man hielt ihn in Washington offenbar für einen Falken. Doch er war wenig mehr als eine Marionette von Vladimir Putin. Diese Initiative war zum Scheitern verurteilt.

Bill Clinton mit einer Praktikantin

Am 12. April 2015 kündigte Hillary Clinton an, dass sie sich für das Amt des Präsidenten der USA bewerben würde. Wenn wir uns nun diese beiden Kandidaten ansehen, und ihre Verwicklungen mit Russland, dann stellt sich diese Frage: Wen würde man in Moskau wohl lieber als Hausherr in 1600, Pennsylvania Avenue sehen?

Es war am 10. März 2016 kurz vor Mittag in Moskau, als ein Schwarm Schad-Software die Kampagne von Hillary Clinton erreichte. Es handelte sich um neunundzwanzig Phishing-E-Mails, und sie waren alle an Mitglieder des Teams gerichtet. Die meisten dieser Mails wurden von den Empfängern nicht beachtet. Doch es gab ein paar Ausnahmen...

Billy Rinehart [37] ist ein Umweltschützer. Er liebt das Meer, doch am 22. März 2016 hatte er andere Dinge im Sinn. Rinehart hielt sich in Hawaii auf und war mit Vorbereitungen für den Parteitag der Demokraten beschäftigt.

Um 4 Uhr morgens stand er in seinem Hotelzimmer auf und fand eine Mail von Fancy Bear. Natürlich gaben sich die Hacker aus Russland nicht zu erkennen. Stattdessen sah die Nachricht aus, als ob sie von Google kommen würde. „Jemand hat dein Passwort benutzt", stand in dieser Mail.

Rinehart wurde aufgefordert, sein Passwort zu ändern. Das tat er auch prompt. Doch er war keinesfalls auf einer Webseite von Google, sondern einer, die Fancy Bear gefälscht hatte. Der Effekt: Die russischen Hacker kannten nun sein Passwort, konnten somit auf seinen Account zugreifen.

Ein noch weit größerer Fang gelang Fancy Bear bei John Podesta, dem Wahlkampfmanager von Hillary Clinton. Auch er fand eine Mail, in der behauptet wurde, dass jemand sein Passwort kennen würde.

Podesta [37] wurde gebeten, sein Passwort zu ändern. Es wurde ein Link angezeigt, bei dem man glauben konnte, dass er zu einer Webseite von Google führen würde. Ferner wurde für Rückfragen eine Telefonnummer geliefert.

Der Manager antwortete nicht sofort, sondern wandte sich an Sara Latham vom Help Desk. Diese Mitarbeiterin behauptete, dass es sich bei dem Link um eine legitime Adresse von Google handeln würde.

Sara sollte sich getäuscht haben. Fancy Bear gelang mit diesem Trick eine der größten Raubzüge der jüngeren Vergangenheit. Ganze 50 000 Mails aus dem Konto von Podesta wurden herunter geladen. Man wusste in Russland jetzt, wo Hillary Clinton und ihre Kampagne verwundbar waren.

Das führte dazu, dass innerhalb der nächsten neun Tage einige der bestgehüteten Geheimnisse der Demokraten in die Hände der russischen Hacker gelangten. Es ging nicht nur darum, die Strategie im Wahlkampf auszukundschaften; es wurden auch viele Mitglieder der Demokraten ausspioniert. Man gelangte an Informationen über mehr als hundertdreißig Angestellte der Partei, Spender, Unterstützer und Auftragnehmer.

Die Geheimdienste der USA [37, 35] gingen davon aus, dass Hacker in Russland diesen Angriff vorgetragen hatten, Medien kamen zu dem Schluss, dass eine Gruppe namens *Fancy Bear* verantwortlich war. Diese Gruppe unterhält enge Beziehungen zur russischen Regierung.

Im zeitlichen Ablauf lässt sich der Angriff so rekonstruieren:

- 10. März 2016: Erste Welle des Angriffs auf Konten von Mitarbeitern des Wahlkampfteams
- 10. März 2016: Ein Mitarbeiter reagiert mehrmals auf eine dieser Mails
- 11. März 2016: Es wurden Links zu Adressen erbeutet, die nicht öffentlich verfügbar sind
- 19. März 2016: Schad-Software wird zu John Podesta geschickt, er klickt diese Mails an

- Vom 22. bis zum 25 März 2016: Es werden weitere Mails an hochrangige Mitglieder der Kampagne geschickt
- Ende März 2016: Die mit der Sicherheit der Kampagne befasste Firma *Secureworks* entdeckt, dass Hacker angreifen
- 12. April 2016: Ein Unbekannter lässt die Adresse *electionleaks.com* reservieren und bezahlt mit Bitcoins
- 20. April 2016: Ein Berater warnt, dass von einem Staat bezahlte Hacker angreifen
- 26. April 2016: Ein Professor mit Kontakten in Russland warnt vor tausenden „schmutzigen" Mails
- 10. Juni 2016: Das Thema wird innerhalb der Demokratischen Partei besprochen
- 14. Juni 2016: Die Demokraten beschuldigen Russland der Einmischung in den US-Wahlkampf
- 15. Juni 2016: Ein Hacker mit dem Handle *Guccifer 2.0* hat zwei Mails erbeutet, die an die Redaktionen von Nachrichtenagenturen gerichtet waren
- 22. Juli 2016: Wikileaks veröffentlicht seine eigenen Erkenntnisse
- 7. Oktober 2016: Wikileaks veröffentlicht gestohlene Mails von John Podesta
- 8. November 2016: Donald Trump gewinnt die Wahl

Es lässt sich folgern, dass die russische Regierung im Jahr 2016 massiv in den US-Wahlkampf eingegriffen hat mit dem Ziel, die Kampagne von Hillary Clinton zu schwächen und Donald Trump zum Sieg zu verhelfen. Dieses Projekt lief unter dem Namen *Lakhta* und stand unter der direkten Kontrolle von Vladimir Putin.

Fancy Bear, Wahlkampfhelfer

Verantwortlich war eine Organisation in St. Petersburg mit dem harmlos klingenden Namen *Internet Research Agency* (IRA). Sie ist auch als Troll Farm bekannt und hat Tausende Mails an radikale Anhänger von Donald Trump geschickt. Russische Medien verbreiteten falsche Informationen. Mitarbeitern der Trump Organization wurde lukrative Angebote unterbreitet.

Fancy Bear wird auch APT28, Pawn Storm, Sofacy Group, Sednit, Tsar Team oder STRONTIUM genannt. Es handelt sich vermutlich um Einheit 26165 des militärischen Geheimdienstes GRU. Der Name Fancy Bear kommt von einem System zur Verschlüsselung von Texten, mit dem der Forscher Dmitri Alperovitch Hacker identifiziert.

Donald Trump konnte 304 Wahlmänner für sich gewinnen, dagegen stimmten lediglich 227 dieser Delegierten für Hillary Clinton. Wenn man die Wähler betrachtet, die ihre Stimme für Hillary Clinton abgegeben hatten, so lag sie mit einer Differenz von 2,8 Millionen vor ihrem Konkurrenten. Doch das änderte nichts am Ergebnis der Wahl. Donald Trump hatte gewonnen.

Ich will nicht behaupten, dass mit jedem Angriff von Hackern eine Wahl beeinflusst werden kann. Doch im Wahlkampf in den USA im Jahr 2016 war der Einfluss so gewaltig, dass man durchaus zu dem Schluss kommen kann, dass Russland den ihr genehmen Kandidaten ins Weiße Haus geholfen hat.

Die *Wagner Group* ist eine Gruppe von Söldnern, die unter dem Befehl von Yevgeny Prigozhin steht. Sie wurde vom Kreml finanziert und war in Syrien und verschiedenen Staaten Afrikas aktiv.

Diese Truppe wurde auch im Krieg gegen die Ukraine eingesetzt, und Prigozhin hat immer wieder die Armeeführung kritisiert. Auch deswegen, weil seine Kämpfer angeblich zu wenig Munition bekommen haben.

Am 24. Juni 2023 überschritten diese Söldner die Grenze zu Russland und marschierten in Richtung Moskau. Vladimir Putin sprach von einer Meuterei. Der Putsch wurde noch abgewendet, weil der weißrussische Präsident Alexander Lukaschenko als Vermittler auftrat. Den Soldaten wurde angeboten, in die reguläre russische Armee einzutreten. Der Kommandeur nahm ein Flugzeug nach Weißrussland.

Zu den Medien, die der Söldnerchef kontrollierte, gehörte offenbar auch die Internet Research Agency (IRA) in Sankt Petersburg. Trotz des harmlos klingenden Namens handelt es sich dabei um eine Troll Factory, also eine Gruppe von Hackern. Im Zuge des Vorgehens russischer Behörden [39] gegen den abtrünnigen Prighozin soll Anfang Juli 2023 diese Organisation aufgelöst worden sein.

2.20 Erpressung der neuen Art

Each new impact (technology) shifts the ratios among all the senses.
Marshall McLuhan

Menschen zu entführen und Lösegeld für ihre Freilassung zu verlangen, ist nicht neu. Julius Cäsar [18] wurde im Jahr 75 vor Christus bei einer Reise im Mittelmeer entführt. Die Piraten verlangten 20 Talente für seine Freilassung, etwa 620 Kilogramm des Edelmetalls Silber. Cäsar lachte ihnen ins Gesicht und erklärte, dass er mindestens 50 Talente wert sei.

Die Seeräuber ließen sich gerne darauf ein, und Cäsar schickte einen seiner Begleiter los, um das Lösegeld aufzutreiben. Es dauerte achtunddreißig Tage, um die Forderungen der Entführer zu erfüllen. Cäsar wurde frei gelassen, doch er kam bald darauf mit einer Flotte zurück und nahm die Insel ein, auf der sich die Piraten immer noch aufhielten. Er holte sich das Silber, und als sich der Prokonsul für Asien, Marcus Junius, weigerte, diese Piraten hinrichten zu lassen, schnitt er ihnen die Kehlen durch.

Bis in das 19. Jahrhundert hinein wurden Reisende an den Küsten Nordafrikas [18] von Piraten entführt. Sie durften Bittbriefe an Freunde und Verwandte in der Heimat schreiben, und wenn Lösegeld gezahlt wurde, kamen sie frei. Frauen wurden oft in den Harem eines Sultans verkauft.

In unseren Tagen stellt sich dieses Geschäftsmodell etwas anders dar: Hacker verschlüsseln die Daten und Programme eines Unternehmens. Damit kommt der Betrieb zum Erliegen. Gegen die Zahlung eines Lösegelds, *Ransom* im Englischen, werden die Daten wieder entschlüsselt. Daher der Name: *Ransomware.*

Der erste Fall mit Ransomware ereignete sich zu einer Zeit, als dieser Begriff noch gar nicht geprägt war. In den 1980er Jahren wurde zum Speichern von Programmen und Dateien Disketten, auch Floppys, genannt, eingesetzt.

Eines Montags [27] im Dezember 1989 gab der Vorgesetze von Eddy Willems ihm eine Diskette, die mit der Post eingetroffen war. Der junge Mann arbeitete für eine Versicherung in Antwerpen. Diese Floppy trug die Aufschrift ‚AIDS Information Introductory Diskette Version 2.0'. Die Immunschwäche AIDS war damals eine großes Problem für die Gesellschaft, und möglicherweise enthielt dieser Datenträger nützliche Informationen.

Willems startete das Programm auf seinem Computer. Es stellte eine Reihe von Fragen, und am Schluss wurde ausgegeben, dass der Mitarbeiter im Support eine Wahrscheinlichkeit von fünf Prozent habe, sich mit AIDS anzustecken. Willems war nicht besonders beeindruckt.

Als er ein paar Tage später seinen Computer hoch fuhr, konnte er nicht auf seine Dateien zugreifen. Eine Nachricht auf dem Bildschirm teilte ihm mit, dass es nun Zeit wäre, für die Software zu zahlen. Die Lizenzgebühr für ein Jahr betrug $189, und für $378 konnte man das Programm unbegrenzt nutzen.

Nun las Willems zum ersten Mal das Kleingedruckte auf der Rückseite der Installationsanleitung. Es wurde mit schwerwiegenden Konsequenzen gedroht, wenn ein Nutzer sich weigerte, die PC Cyborg Corporation zu bezahlen.

Willems hatte sich seit seiner Jugend mit Computern und Software beschäftigt, und er hatte studiert. Als er sich seine Dateien anschaute, fiel ihm auf, dass bestimmte Buchstaben durch andere Zeichen ersetzt worden waren. Das war ein ziemlich einfacher Code. Es würde ihm viel Zeit kosten, doch der Schaden ließ sich mit Bordmitteln reparieren.

Diese Software hatte ein Mann namens Joseph Popp geschrieben. Er war in Kenia als Forscher tätig gewesen und wollte schnell reich werden. Mit Hilfe seiner DNA gelang es, den Erpresser dingfest zu machen. Die Richterin in England hielt Popp allerdings für geistig verwirrt, somit für schuldunfähig.

Im geschilderten Fall war der Schaden gering, doch wenn diese Software bei Nutzern auftauchte, die wenig Erfahrung mit Computern hatten, konnte der Betrieb durchaus für längere Zeit beeinträchtigt sein. Und eine Reihe von Betroffenen überwies Geld an eine Deckadresse in Süd-Afrika.

Um die Methode der Erpresser zu begreifen, müssen wir uns kurz mit Codes [3] und Chiffren befassen. Die Notwendigkeit, Nachrichten zu verschlüsseln, besteht seit dem Altertum. Dazu tauchte man in einem Text Zeichen aus, wie das folgende Beispiel zeigt:

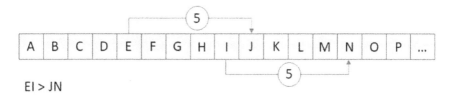

EI > JN

Cäsars Scheibe

Aus dem Wort *EI* wird durch den Austausch von Buchstaben die Zeichenfolge *JN*. Wir können uns vorstellen, dass die Verschlüsselung eines langen Texts viel Zeit brauchen wird. Der Schlüssel ist in diesem Fall die Zahl 5. Zu Beginn des 20. Jahrhunderts wurde es einfacher, weil mit der deutschen Enigma [3] eine Maschine auf den Markt kam, die rein äußerlich an eine Schreibmaschine erinnert.

Diese Methode hat einen gravierenden Nachteil: Kennt der Feind den Schlüssel, kann er mitlesen. Damit ist der verschlüsselte Text nicht mehr geheim.

Wenn also, um ein Beispiel zu nennen, eine junge, gut aussehende Russin, die für den KGB arbeitet, einen Marine-Soldaten an der US-Botschaft in Moskau verführt, so könnte er sie in der Nacht in den Code Room lassen. Sie kann Schlüssel stehlen, der KGB kann geheime Telegramme mitlesen.

Eine Lösung bot sich mit der Einführung asymmetrischer Schlüssel. Hier stoßen wir auf zwei Schlüssel:

1. Den *public key*: Ihn kann jeder kennen, er ist nicht geheim.
2. Den *private key*: Er dient zum Entschlüsseln einer Nachricht und muss geheim gehalten werden.

Ein Text wird also mit dem *public key*, oftmals einfach die E-Mail-Adresse, verschlüsselt. Zum Entschlüsseln wird der *private key* verwendet. Es reicht, wenn ihn der Empfänger besitzt.

Dieses Verfahren beruht auf der Verwendung hoher Primzahlen und der Modulo-Funktion. Der Nachteil, aus der Sicht der Hacker, ist allerdings, dass die Verschlüsselung von Programmen und Daten relativ viel Zeit benötigt. Wenn also ein Anwender jeden Tag mit seinem PC arbeitet, so könnte ihm auffallen, dass der Rechner langsamer ist, als er das gewohnt ist. Ist Ransomware am Werk?

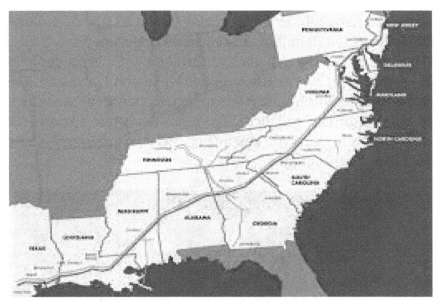

Netz von Colonial Pipeline

Die Hacker kamen nun auf die Idee, große Teil der Dateien und Programme mit dem herkömmlichen Verfahren, das weniger Zeit benötigt, zu verschlüsseln. Um allerdings alle Inhalte entschlüsseln zu können, benötigte man den Schlüssel, den nur der Erpresser hatte.

Für einige der Erpressten war die Entscheidung, den Schlüssel zu kaufen oder einen tagelangen Ausfall hinzunehmen, eine Frage der Abwägung: In einem Krankenhaus können Menschen sterben, wenn die EDV vollständig ausgefallen ist.

Am 7. Mai 2021 wurde Colonial Pipeline angegriffen, der Betreiber eines Netzes von Leitungen, die Produkte wie Benzin, Diesel und Kerosin an der gesamten Ostküste der USA verteilen. Der Marktanteil liegt bei etwa 45 Prozent.

Der Betrieb kam zum Erliegen, Tankstellen mussten wegen Mangel an Treibstoff schließen, vor anderen Zapfsäulen bildeten sich lange Schlangen wartender Autofahrer. Der Preis für Benzin erreichte einen Höchstwert von $3 für die Galone. Das hatte es seit dem Jahr 2014 nicht mehr gegeben.

Dazu muss man wissen, dass die größten Raffinerien der USA in Texas liegen, an der Küste in der Nähe von Galveston. Der größte Teil der Verbraucher lebt in den Staaten an der Ostküste. Es wäre natürlich möglich., Produkte auch mit Tankern zu transportieren. Doch von einem Tag auf den anderen lässt sich das nicht organisieren.

Das Benzin wird knapp

Die Regierung in Washington versuchte, die Bürger zu beruhigen. Doch mussten viele Autofahrer befürchten, dass sie über kurz oder lang kein Benzin mehr kaufen konnten. Sie füllten den Tank ihres Wagens, so lange es noch möglich war.

BLOOMBERG berichtete, dass der Betreiber der Pipeline den Hackern $5 Millionen gezahlt habe, um den Betrieb wieder starten zu können. Anscheinend wurde das Lösegeld in der Form von Bitcoins überwiesen.

Hinter dieser Attacke scheint DarkSide zu stecken, eine Gruppe von Hackern auf dem Gebiet der früheren Sowjetunion. Sie sollen nicht im Dienst einer Regierung stehen, geben sich als unpolitisch und scheinen in erster Linie am Profit interessiert zu sein. Angeblich verkaufen sie auch Tools an andere Kriminelle.

Das Management von Colonial weigerte sich, zur Zahlung eines Lösegeld Stellung zu nehmen. Nach einer Woche flossen die Treibstoffe wieder.

2.20.1 Die Rolle der Polizei

Wenn die Rolle der Polizeibehörden beim Auftreten von Ransomware untersuchen wollen, so fällt die Beurteilung durchaus divers aus. Als Clifford Stoll, der den Hackern aus Hannover [3, 4] auf der Spur war, sich an die FBI wandte, entwickelte sich der folgende Dialog:

Agent des FBI: Geht es um einen Schaden von mehr als einer halben Million Dollar?"

Cliff Stoll: Im Grunde nicht.

Agent des FBI: Geht es um die Nationale Sicherheit, um Geheimnisse?

Cliff Stoll: Nein.

Agent des FBI: Dann interessiert uns die Sache nicht.

Inzwischen weiß man auch beim FBI, dass mit Ransomware ein großer Schaden angerichtet werden kann. Doch es gibt noch immer Probleme. Das FBI ist in allen Bundesstaaten der USA mit Zweigstellen vertreten. Wenn ein Angestellter Karriere machen will, führt das dazu, dass er die Tour durch eine Reihe diese Vertretungen machen muss. Sie befinden sich oft in der Provinz, an nicht gerade attraktiven Standorten. Ein begabter Programmierer, noch dazu, wenn er verheiratet ist und Kinder hat, wird sich kaum um eine Anstellung beim FBI bemühen. Und noch eines kommt hinzu: Spezialisierte Firmen im Bereich der Sicherheit bieten höhere Gehälter.

Das FBI hat sich damit beholfen, Fachleute aus der Branche als Informanten anzuwerben. Man kann ihnen die Spesen erstatten und ihnen Geld zahlen.

In den Niederlanden [27] hat man mit der Gründung der *High Tech Crime Unit* (HTCU) einen neuen, und durchaus erfolgreichen, Weg zur Bekämpfung von Ransomware eingeschlagen. Bei dieser Einheit der Polizei bildet man ein Team aus einem erfahrenen Polizisten und einem Mann, der sich mit Software auskennt. Sie bearbeiten den Fall gemeinsam.

Im Vereinigten Königreich führte bereits das erste Auftreten von Ransomware dazu, dass sich Polizei und Justiz neu organisierten und das Verbreiten von Ransomware, Viren und Würmern bestraft werden konnte.

2.21 Zauberlehrlinge: Chinesische Hacker

If you know your enemy and know yourself, your victory will not stand in doubt.
    Sun Tzu

Hacker aus China [47] sind vielleicht weniger bekannt als solche Übeltäter aus Russland, sie sind aber nicht weniger fähig, und erfolgreich. Doch wie hat das alles begonnen?

Im Sommer des Jahres 2005 war Tan Dailin ein Student an der Universität für Naturwissenschaften und Ingenieurwesen in Sichuan. Dort wurde die Volksbefreiungsarmee des Landes (PLA) auf ihn aufmerksam.

Diese Hacker waren unter dem Namen *Honkers* bekannt, meistens Teenager und junge Leute in den Zwanzigern, und Tan Dailin war nur einer unter vielen. In den späten 1990ern und Anfang der Nullerjahre bildeten sich Gruppen, die sich *Green Army* oder *Evil Octal* nannten. Sie griffen Webseiten im Westen an, auf denen -- nach ihrer Meinung -- China nicht mit Respekt behandelt wurde. Die Angriffe waren zuerst nicht besonders ausgeklügelt und bedrohlich, beschränkten sich manchmal auf Veränderungen in einer Webseite. Aber die Hacker lernten im Lauf der Jahre dazu.

Als Tan seine Abenteuer im Web in einem Blog veröffentlichte, meldete sich prompt die PLA. Der junge Mann und seine Freunde wurden eingeladen, sich an einem Wettbewerb der Armee zu beteiligen, und Tan gewann den Ersten Preis. Es folgte ein Training in einem Camp für Hacker, das Monate andauerte. Nach ein paar Wochen schuf die Gruppe Tools für Hacker, studierte Techniken zur Infiltration von Netzwerken und simulierte Angriffe.

Tan Dailin

Tan wurde unter dem Namen *Wicked Rose* oder *Withered Rose* in Hackerkreisen bekannt. Er gründete eine eigene Gruppe, die sich *Network Crack Program Hacker* (NCPH) nannte. Sie erwarb sich schnell einen guten Ruf, weil sie Wettbewerbe gewann und Werkzeuge schuf und zur Verfügung stellte. Sie entwickelten das Tool GinWui Rootkit, eines der ersten in China geschaffenen Werkzeuge, um Backdoors zu nutzen. Es folgten im Frühjahr und Sommer 2006 eine Reihe von Attacken auf Unternehmen und Behörden der USA. Dabei waren die Hacker im Auftrag der PLA tätig.

Tan enthüllte bei einem Chat im Netz, dass er und sein Team von der PLA mit $250 im Monat entlohnt wurden. Während der Kampagne im Sommer 2006 stieg diese Bezahlung auf $1 000 im Monat.

Nach einiger Zeit wechselte der Auftraggeber. Tan war nun für das Ministerium für Staatssicherheit (MSS) tätig, einem Geheimdienst. Dort wurde er Teil von APT41, einer berüchtigten Gruppe von Hackern.

Im Jahr 2020, als Tan sechsunddreißig Jahre alt war, wurde er und andere chinesische Hacker wegen Angriffen auf mehr als hundert Ziele vom Justizministerium der USA angeklagt. Unter den Opfern waren Krankenhäuser und Telefongesellschaften.

Tans Karriere, und sein Eintritt in die Gruppe APT41, ist nicht ungewöhnlich. Viele *Honker,* die zunächst nicht besonders gefährlich waren, wurden vom Sicherheitsapparat des kommunistischen Staates aufgenommen und integriert.

Es begann, als sich die Volksrepublik China im Jahr 1994 dem Internet zuwandte. Es wurde zunächst ein Netz geschaffen, zu dem Universtäten und Forschungseinrichtungen gehörten, und Studenten gehörten zu den Nutzern, lange bevor ihre Landsleute Zugriff hatten. Ähnlich wie Hacker in den USA waren die *Honkers* begeisterte Nutzer, die sich einen Großteil ihrer Kenntnisse selbst beigebracht hatten. Sie gründeten

Gruppen wie Xfocus, China Eagle Union oder die Honker Union of China. Diese Leute wurden bald als *Red Hackers* bekannt. In Mandarin steht das Wert ‚hong‘ für die Farbe Rot, ‚heike‘ meint *dark visitor*, der chinesische Begriff für einen Hacker.

Diese Gruppen verwalteten sich selbst, hatten meistens eine flache Hierarchie und folgten bestimmten ethischen Standards. Zu ihnen gehörte auch der einflussreiche Hacker Lin Zhenglong aus Taiwan, besser bekannt unter seinem Handle *Coolfire*. Er vertrat die Ansicht, dass die Fähigkeiten eines Hackers lediglich entwickelt werden sollten, um Angriff abzuwehren.

Es gab keine Simulatoren, mit denen Hacker üben konnten, deshalb probierten sie ihre Fähigkeiten im realen Netz aus. In China war Hacking damals weder verboten noch strafbar, eine Ausnahme bildeten lediglich Angriffe auf die Regierung, die Streitkräfte oder Forschungseinrichtungen.

Als im Jahr 1998 in Indonesien Unruhen ausbrachen, die sich gegen die chinesische Minderheit richteten, reagierten Honkers mit einem DDOS-Angriff auf Webseiten der dortigen Regierung. Als im Jahr darauf der Präsident von Taiwan, Lee Teng-hui eine Zwei-Staaten-These aufstellte und damit dem Anspruch der CCP auf Taiwan öffentlich widersprach, wurden Webseiten in Taiwan angegriffen, ein einiges China gepriesen.

Im Jahr 2000 stellten Teilnehmer in einer Konferenz in Japan das Massaker im Jahr 1930 in Nanjing, bei dem dreihunderttausend Chinesen starben, die Tatsachen falsch dar. Die Honkers veröffentlichten daraufhin eine Liste mit den Adressen und Webseiten von mehr als dreihundert Behörden und Unternehmen in Japan, die für Angriffe genutzt werden konnten. Diese Welle von Attacken, *Patriotic Cyberwars* genannt, trugen zur Identität der Gruppen bei. Hacker im Westen waren motiviert durch Neugier, intellektuelle

Herausforderungen und Stolz, während die Honkers zum Aufstieg Chinas auf der Weltbühne beitragen wollten.

Die Honker Union schwoll auf 80 000 Mitglieder an, zur Green Army zählten 3 000 Menschen. Ein Großteil waren Enthusiasten, die ein Abenteuer suchten, aber es gab eine Elite. Dazu zählte die Gruppe *Red 40*.

Es gibt keine Beweise dafür, dass der Staat bei der Gründung solcher Gruppen aktiv beteiligt war. Aber die Interessen waren weitgehend deckungsgleich.

Im April 2001 gab es einen Zwischenfall, bei dem ein chinesisches Jagdflugzeug einen Aufklärer der USA zur Landung an der Küste von Hainan zwang. Der Pilot der chinesischen Maschine fand den Tod, das Flugzeug der USA wurde beschlagnahmt, die Besatzung für mehrere Wochen festgehalten.

Amerikanischer Aufklärer

Das führte zu Angriffen über das Internet auf Ziele in den USA.

Die chinesische Regierung befürchtete nun, dass diese Hacker außer Kontrolle geraten könnten. Es gab Streit unter den Honkers, und manche ihrer Mitglieder gingen zu Unternehmen wie Baidu, Alibaba oder Huawei. Die PLA und das MSS heuerten ab dem Jahr 2003 Hacker an. Diese Aktivitäten steigerten sich im Umfeld der Olympischen Spiele in Peking im Jahr 2008. Ein Jahr später wurden die Gesetze in China geändert, das Eindringen in fremde Netze war nun ein Verbrechen, und das galt auch für die Verbreitung von Werkzeugen.

Einige der Honkers wurden verhaftet, und unter ihnen war auch Tan. Ihm drohten siebeneinhalb Jahre Haft, und offensichtlich machte Tan nun einen Deal mit dem MSS. Im Jahr 2011 gründete er eine Firma namens Anvisoft, die allerdings lediglich als Tarnung für seine wahren Aktivitäten dienen mochte. Andere frühere Honkers schlossen sich der PLA an.

Zu den eingesetzten Werkzeugen gehörten diese Programme:

- Glacier, ein Trojanisches Pferd, das ferngesteuert werden kann
- X-Scan, eine Tool, das Netzwerke nach Schwachstellen durchforstet
- HTRAN, ein Programm, das den Strandort eines Hackers verschleiert

Über die Jahre hinweg wurde Einiges über Hacker aus China bekannt. Das bezog sich auf die Anfänge, aber auch die Arbeit für die PLA und das MSS. Im Jahr 2024 gelangten interne Chats in den Westen. Die früheren Mitglieder der Green Army, Zhou und Wu, wurden wegen ihrer Tätigkeit für APT27 in den USA angeklagt.

Die Motive von Hackern in den USA und China überschneiden sich gelegentlich. Der Staat machte sich die Fähigkeiten der *Honkers* zu Nutze. Einige von ihnen erkannten, dass sie Firmen gründen und reich werden konnten.

In den USA sind eine Reihe von Hackern zur CIA, zum FBI oder zur NSA gegangen, und die Anbieter von Virus-Scannern und ähnlicher Software machen gute Geschäfte.

Es wäre verwunderlich, wenn wir nicht auch in der aufstrebenden Weltmacht China Hacker finden würden. Die amerikanische Sicherheitsfirma Mandiant [13, 14] berichtet von einer Gruppe chinesischer Hacker. Sie gehören zur dritten Abteilung des chinesischen Generalstabs und werden als Einheit 61398 bezeichnet. Ihre Büros befinden sich in einem unverdächtig wirkenden Gebäude des Finanzviertels Pudong in Shanghai. Dort dürfte die Infrastruktur, was Datennetze betrifft, ausgezeichnet sein.

Mandiant behauptet, dass die Hacker der Einheit 61398 über die Jahre hinweg von amerikanischen Firmen Terabytes an Daten geklaut haben. Unter den ausgespähten Unternehmen soll auch Lockheed Martin sein, der größte Rüstungskonzern der USA. Ob die Hacker auch die geheime Formel von Coca Cola zur Herstellung des Soft Drinks gefunden haben, ist bisher nicht bekannt geworden.

In den USA wächst in der Öffentlichkeit und im Kongress der Unmut über die Industriespionage chinesischer Hacker. Die Regierung in Peking behauptet, nichts von derartigen Attacken zu wissen.

Am 7. Juni 2013 traf Barack Obama [15] den neu gewählten chinesischen Staatspräsidenten Xi Jinping in Kalifornien. Im Gegensatz zu früheren Treffen mit den kommunistischen Herrschern aus der Volksrepublik, bei der die Chinesen großen Wert auf das Protokoll gelegt hatten, ist dieses Mal mit Absicht die Sunnyland Ranch gewählt worden, also eine eher idyllische Umgebung.

Auf der Agenda stehen auch die Angriffe chinesischer Hacker auf militärische Ziele sowie Unternehmen in den USA. Im Ergebnis konnten sich die beiden Staatsoberhäupter bei diesem

Thema nicht einigen. Die chinesische Seite stritt alles ab, gibt sich selbst als Opfer.

Es bahnt sich jedoch eine Katastrophe an, wie sie für die US-Regierung und die Geheimdienste des Landes nicht größer sein könnte. In Hawaii, etwa auf halbem Weg zwischen den kontinentalen USA und dem chinesischen Festland, ist ein Angestellter von Booz Allen Hamilton, einer Sicherheitsfirma, zunehmend unzufrieden mit den Bedingungen seiner Arbeit. Dieser begabte Webmaster vertritt die Ansicht, dass die NSA bei weitem zu viele Daten über US-Bürger sammelt, dass die Rechte der US-Bürger bedroht sind. Als er sich beschwert, hört er nur immer wieder: „No problem."

Edward Snowden beschließt zu handeln und setzt sich mit einer Vielzahl von Dateien und Dokumenten nach Hongkong ab. Er macht bestimmte Inhalte dem britischen GUARDIAN zugänglich. Snowden erklärt: „Ich will nicht in einer Welt leben, in der alles, was ich tue oder sage, aufgezeichnet wird."

Snowden flieht zunächst nach Hongkong, einer chinesischen Sonderwirtschaftszone. In Peking löst man das Problem mit dem *Whistleblower* aus den USA auf elegante Weise. Man lässt Edward Snowdon nach Moskau ausreisen. Nun hat der Kreml ein Problem.

2.22 Der Krieg in der Ukraine

In peace prepare for war, in war prepare for peace.

Sun Tzu

Gleichzeitig mit dem Einmarsch russischer Bodentruppen [19] auf dem Gebiet der Ukraine am 24. Februar 2022 um 5 Uhr morgens erfolgte auch ein Angriff im Internet.

Modems von Nutzern in der Ukraine, die auch intensiv von

den Streitkräften des Landes genutzt werden, fielen aus. Nach den Angaben des Managements der Betreibers [21] wurde ein falsch konfiguriertes Virtual Private Network (VPN) genutzt, um Zugriff auf ansonsten geschützte Funktionen der Software zu erlangen. Die Hacker überschrieben in der Folge Daten im Flash-Speicher der Modems. Sie waren damit nicht mehr in der Lage, auf das Netz zuzugreifen.

Das für den Hackerangriff eingesetzte Werkzeug wird *Wiper* genannt und löscht Daten. Auch der Name *Acid Rain*, also saurer Regen, taucht auf. In Teilen dieser Software besteht eine Ähnlichkeit zu Schadsoftware, die russische Hacker wie *Sandworm* und *Fancy Bear* vorher genutzt haben.

Der für die Datenübertragung eingesetzte Satellit KA-SAT 9A gehört dem US-amerikanischen Betreiber Viasat. Er deckt einen großen Teil Osteuropas ab und ist besonders in ländlichen Gebieten nützlich, wo Landleitungen keine genügende Übertragungsgeschwindigkeit bieten.

Hier die technischen Daten von KA-SAT 9A:

Start	26. Dezember 2010, 21:51 h
Trägerrakete	Proton-M
Startplatz	Baikonur
Startmasse	6 150 kg
Hersteller	EADS Astrium
Lebensdauer	15 Jahre
Frequenz	Ka-Band
Leistung	11 kW
Position	9° Ost
Geschwindigkeit	20 MBit/s **Downlink**, 6 MBit/s **Uplink**
Antenne	Mindestens ein Durchmesser von 77 cm

Tabelle 2-4: Eigenschaften von KA-SAT 9A

Welche Länder die nach Osten gerichteten Antennen des Satelliten von Viasat abdecken, zeigt die folgende Grafik:

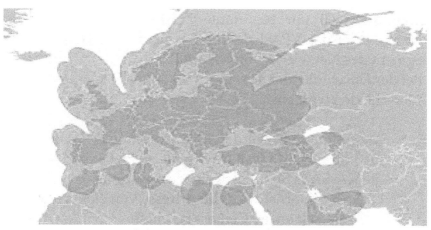

Abdeckung, Viasat East Beam

Durch den Angriff im Internet wurde in den ersten Stunden des Kriegs die Kommunikation der ukrainischen Streitkräfte empfindlich gestört. Den Angreifer genau zu identifizieren, wird Zeit dauern. Doch es liegt die Vermutung nahe, dass es russische Hacker im Auftrag des militärischen Geheimdienstes GRU waren.

Es ist nicht die Regel, dass durch einen Angriff mit Software Hardware, in diesem Fall Modems, zerstört werden. Es ist aber auch nicht unmöglich. Wird ein Teil, oder eine Komponente, überlastet, so kann das gesamte Gerät ausfallen. Viasat schickte seinen Kunden 30 000 neue Geräte.

In der Bundesrepublik Deutschland war der Betreiber von Windrädern, Enercon, betroffen. Die Anlagen fielen nicht aus, konnten aber nicht mehr von der Zentrale aus gesteuert und geregelt werden. Das führte dazu, dass Monteure entstand werden mussten. Bis zum 8. März 2022 war die Störung noch nicht vollständig behoben.

Alle Experten [28] stimmen darüber überein, dass der Angriff über ein Virtual Private Netwerk (VPN) vorgetragen wurde. Eine derartige Verbindung wird in der Regel als sicher eingestuft, weil nur bestimmte Personen darauf zugreifen können. Über das VPN kamen die Angreifer in Management-Segment des Netzwerks von KA-SAT.

Bei der Durchführung des Angriffs können sieben Phasen unterschieden werden:

1. Ausspähung: Es werden IP-Adressen und Passwörter für Viasats Earth Gateway Centers, sowie die Server, die KA-SATs Spot Beam steuern, gestohlen
2. Über das Internet wird die Adresse von einem oder mehreren Gateway Centers beschafft
3. Eine Schwäche (Exploit) in FortGate, einem VPN, wird ausgenutzt
4. Ein Spot Beam wird ausgesucht
5. Es wird über KA-SAT auf Modems zugegriffen
6. Vordringen in das Management Interface des Modems
7. Software im Modem (Hauptspeicher) wird durch *Wiper* zerstört

Ob die Überlastung des Netzes durch zu viel Verkehr (DDOS) ein Angriff war, oder nur ein Ablenkungsmanöver, darüber gehen die Meinungen auseinander. Die Untersuchung eines betroffenen Modems, dessen Flash Memory, zeigte immerhin, dass der Hauptspeicher nur noch Schrott enthielt. Das deutete auf einen *Wiper* als Verursacher.

Die Betreiber von Satelliten im Erdorbit, darunter Viasat, arbeiten mit einem komplexen Netz von Lieferanten und Unterauftragnehmern, um Telefongespräche zu vermitteln und Verbindungen über das Internet herzustellen. Das führt dazu, dass es schwierig ist, in allen diesen Unternehmen einheitliche und durchgreifende Standards zur Sicherheit des Netzes zu etablieren und durchzusetzen.

Wird das Netz angegriffen, kann es Wochen und Monate dauern, die Vorgehensweise der Hacker zu analysieren.

Andere Betreiber von Satelliten-Netzen gehen ähnlich vor wie Viasat, machen also nicht alles selber. Eine Möglichkeit, den Angreifern das Leben schwer zu machen, besteht darin, alle diese Aufgaben in das eigene Haus zu holen.

Eine andere Methode wird als *Zero Trust* bezeichnet. Sie ist durch die folgenden Konzepte gekennzeichnet.

- Jedermann wird als potentieller Angreifer betrachtet. Mitarbeitern des eigenen Unternehmens traut man etwas mehr als Fremden.
- Man arbeitet mit dem Konzept *need to know*: Ein Operator darf nur auf solche Bereiche zugreifen, die mit seiner Arbeit zu tun haben.
- Befehle werden vor ihrer Ausführung überprüft.

Hier kommen Konzepte zum Einsatz, wie sie im Bereich des US-Militärs und deren Lieferanten schon seit Jahren gelten.

Ende März 2022 veröffentliche die US-Bundespolizei FBI eine Anklageschrift gegen vier mutmaßliche Hacker des russischen Geheimdienstes FSB. Sie werden verdächtigt, eine Atomkraftwerk in Kanas [20] angegriffen zu haben.

Wann ein Angriff durch Hacker auf die Streitkräfte der Verbündeten, oder die kritische Infrastruktur eines Landes, einen Angriff mit Panzern oder Flugzeugen auf das Territorium eines Landes gleich zu setzen ist, wird derzeit von den Militärs der NATO – wohl mit voller Absicht – nicht im Detail genannt. Es dürfte auf der anderen Seite aber auch klar sein, dass ein großflächiger Angriff auf das Stromnetz der USA, oder eines Verbündeten, durchaus der Grund für einen Krieg bilden könnte.

Die In-Dienst-Stellung der *USS Delaware* am 27. März 2022 im Heimatstaat von Joe Biden dürfte kein Zufall gewesen sein. Es handelt sich um das achtzehnte Jagd-U-Boot der *Virginia Class*. Die Botschaft in Richtung Moskau lautete: „Einen Atomkrieg kann keiner gewinnen."

Die Kommunikation der Streitkräfte der Ukraine war zu Beginn des Kriegs durch den Ausfall der Modems von Viasat stark betroffen. Doch diese Truppen hatten insofern Glück, als es ein im Aufbau befindliches Netz im Orbit gab, das eine Alternative zu Viasat bot: Starlink.

Elon Musk ist einer breiten Öffentlichkeit in Deutschland möglicherweise eher bekannt geworden durch Tesla, den Hersteller von Autos mit elektrischen Antrieb. Oder durch seine Beteiligung am Zahlungsdienstleister PalPay. Er ist aber auch in der Raumfahrt aktiv, mit seinem Unternehmen SpaceX. Dazu gehört auch Starlink, ein Netzwerk von Satelliten im Erdorbit.

Der Plan für Starlink wurde im Januar 2015 der Öffentlichkeit in den USA präsentiert. Es war von 4 000 Satelliten in einem erdnahen Orbit die Rede. „Wir reden über das Internet im All", erklärte Elon Musk. Die für die Regulierung zuständige FCC erteilte dem Unternehmen die Erlaubnis, 12 000 Satelliten in den Orbit zu bringen.

Die beiden ersten Prototypen, TinTinA und TinTinB genannt, wurden im Februar 2018 gestartet. Sie funktionierten, und das

Unternehmen bat die FCC darum, einen etwas niedrigeren Orbit verwenden zu dürfen. Diese Erlaubnis wurde erteilt.

Die ersten für den regulären Betrieb bestimmten sechzig Satelliten des Systems wurden am 23. Mai 2019 mit einer Falcon 9 von SpaceX in den Orbit geschossen. Sie ziehen ihre Bahn in einer Höhe von 550 Kilometern. Ein Satellit wiegt rund 260 Kilogramm.

Nach drei Jahren, in denen Satelliten gestartet und in den erdnahen Orbit gebracht wurden, waren es im Januar 2021 mehr als tausend Trabanten. Ein Jahr später hatte sich ihre Zahl verdoppelt.

Starlink hat inzwischen mehr als 10 000 Kunden in vierzehn Staaten. Sie wurden mit 100 000 Internet-Terminals ausgestattet. Wenn von den Regierungen der Nationalstaaten eine Genehmigung zum Betrieb erteilt wird, kann Starlink, mit Ausnahme der Pole, den gesamten Globus abdecken.

Worin liegt nun der Vorteil von Starlink für den potentiellen Kunden? – Starlink ist dort stark, wo andere Verbindungen zum Internet ganz fehlen oder die Übertragungsgeschwindigkeit unzureichend ist. Das sind in der Regel abgelegene, ländliche Gebiete.

Im vierten Quartal 2021 konnte Starlink im Download Geschwindigkeiten bis zu 100 Mb/s anbieten. In den USA standen 105 Mb/s und 12 Mb/s für den Upload zur Verfügung. Damit übertrifft Starlink die Konkurrenten Viasat und HughesNet um den Faktor 5 oder 6. Die Wartezeit (Latency) liegt typischerweise bei 20 bis 40 Millisekunden.

Zu Beginn des Jahres 2022 liegt der Preis für die Hardware bei rund $600. Dazu kommen monatliche Kosten von $110.00. Es wird eine Anzahlung von $99.00 verlangt, und im April 2022 gibt es Wartezeiten bei der Auslieferung der Geräte.

Satellit von Starlink

Der Service ist also nicht billig. Wer aber bisher nicht auf das Internet zugreifen konnte, oder mit der Übertragungsgeschwindigkeit nicht zufrieden war, für den mag Starlink dennoch in Frage kommen.

Starlink spielte im Krieg in der Ukraine im Frühjahr 2022 eine wesentliche Rolle. Natürlich war das Netz dieser Satelliten im erdnahen Orbit für den zivilen Gebrauch vorgesehen. Kurz nach dem Einmarsch russischer Truppen bat der ukrainische Vize-Premierminister Mykhailo Fedorov Elon Musk um Hilfe. Der Unternehmer aus Texas antwortete per Twitter: „Starlink ist aktiv, weitere Empfangsanlagen sind unterwegs."

Dieser Austausch von Nachrichten via Twitter findet sich in der folgenden Grafik:

Es wurden Antennen und leistungsstarke Akkus in die Ukraine gebracht. Welche Rolle Starlink bei der Verteidigung des Landes spielt, ist im Detail natürlich geheim. Nach den Berichten britischer Geheimdienste wird das Netz aber bei

Angriffen mit Drohnen auf russische Panzer und Stellungen eingesetzt. Besonders nützlich ist Starlink in Regionen, in denen es sonst keine Verbindung mit dem Internet geben würde.

Bitte um Hilfe

Die TIMES aus London zitiert einen Offizier der ukrainischen Streitkräfte und berichtet: „Wir nutzen die Geräte von Starlink und verbinden das für die Drohnen zuständige Team mit der Artillerie. Die für die Aufklärung zuständigen Drohnen können auf diese Weise die Position feindlicher Einheiten an die Artillerie weitergeben."

Starlink für die Menschen in der Ukraine

Die Drohnen zur Aufklärung fliegen täglich bis zu 300 Einsätze. Die Angriffe mit anderen Drohnen erfolgen in erster Linie in den Nachtstunden mit Flugkörpern, die mit Wärmebildkameras ausgerüstet sind. Im Dunkel der Nacht sind sie für die Russen kaum zu erkennen.

Starlink wird auch vom ukrainischen Präsidenten Wolodymyr Selenskyi genutzt, um sich in Reden an verschiedene Parlamente der westlichen Welt – und an seine Landsleute – zu wenden.

Die Antennen von Starlink lassen sich nicht verbergen. Sie sind leicht zu orten, wenn eine Verbindung mit einem Satelliten des Systems besteht. Deswegen wird empfohlen, sich nur bei Bedarf bei Starlink einzuloggen und die Empfangsanlage nicht in der unmittelbaren Nähe einer größeren Anzahl von Menschen zu installieren.

Die russischen Streitkräfte, darunter die Geheimdienste des Landes, proben seit einigen Jahren die hybride Kriegsführung. Ein wesentlicher Teil sind dabei Angriffe auf die Infrastruktur eines Staates.

Im Krieg in der Ukraine war für Freitag, den 8. April 2022, ein Angriff auf Umspannwerke des Stromnetzes vorgesehen. Wäre er geglückt, hätte es zu großflächigen Stromausfällen kommen können.

Die Hacker werden der Gruppe *Sandworm* zugeordnet, einer Einheit des militärischen Geheimdienstes GRU. Die Hacker nahmen sich ungewöhnlich viel Zeit für die Vorbereitungen, doch am Freitagabend wollten sie zuschlagen. Die Ukrainer hatten offenbar einen Hinweis erhalten und konnten diesen Angriff stoppen.

Wer sich wundert, dass der Mobilfunk in der Ukraine noch funktioniert, der wird einen Grund dafür finden. Die Angreifer aus Russland wollten mobile Telefone einsetzen, die Nachrichten verschlüsseln konnten. Das funktionierte jedoch nicht, und die russischen Offiziere waren auf das Netz der Feinde angewiesen. Das kam westlichen Geheimdiensten wie dem deutschen BND sehr gelegen: Sie konnten mithören.

2.23 Ein aktiver Vulkan

Fast allen Streitkräften kann man vorwerfen, dass ihre Soldaten für den Krieg trainieren, der zuletzt geführt wurde. Sicherlich macht es Sinn, aus dem Zweiten Weltkrieg, den Auseinandersetzungen im Irak, in Kuwait und Afghanistan Lehren zu ziehen. Die hybride Kriegsführung ist dagegen eine Neuerung. Sie zielt nicht nur auf Geländegewinne und die Besetzung eines fremden Territoriums, sondern will den Willen eines Volkes zum Widerstand brechen, indem es die Infrastruktur eines Landes zerstört, oder zumindest stark beschädigt.

Es liegt eine gewisse Ironie darin, dass es gerade die hochentwickelten Industriestaaten sind, darunter die

Bundesrepublik Deutschland, die durch hybride Kriegsführung am ehesten verwundbar sind. Entwicklungsländer haben weniger zu befürchten.

Im Jahr 2013 hielt der damalige Generalstabschef der russischen Streitkräfte, Walerij Gerassimov, eine Rede zur modernen Kriegsführung. Russland könne seine Feinde, meinte er, durch asymmetrische Kriegsführung [32] schwächen, die Säulen ihrer Gesellschaften hart treffen. Der Offizier redete von der ‚Konfrontation mit Information.‘ Heute ist er Oberbefehlshaber der russischen Truppen in der Ukraine.

Die Angriffe begannen weit vor dem Einmarsch russischer Truppen auf das Staatsgebiet der Ukraine am 24. Februar 2022. Im Jahr 2015 wurde die Stromversorgung der Ukraine mit dem Programm *Black Energy* lahm gelegt, 700 000 Menschen waren ohne Strom. Zwei Jahre später wurde Software zur Buchhaltung mit dem Trojaner NotPetya infiziert, Geldautomaten funktionierten nicht mehr, und die Containerfrachter der dänischen Reederei Maersk kamen nicht vom Fleck, weil die Software versagte. Der wirtschaftliche Schadens dieses Angriffs wird weltweit auf neun Milliarden Euro geschätzt.

Zum Glück gibt es einen russischen Whistleblower, der anscheinend mit dem Angriffskrieg in der Ukraine [31, 32] nicht einverstanden ist und Medien im Westen hoch brisantes Material über das Unternehmen Vulkan zugespielt hat.

Obwohl Vulkan für den Kreml und die Geheimdienste GRU und FSB arbeitet, hat die Firmenkultur eine gewisse Ähnlichkeit mit einem Start-up im Silicon Valley. Es existiert eine Fußball- mannschaft, zur körperlichen Fitness werden Tipps per E-Mail verschickt, und Geburtstage werden gemeinsam gefeiert.

Anton Markov

Das Unternehmen wurde im Jahr 2010 von Anton Markov und Alexander Irzhavsky gegründet. Beide Männer sind Absolventen der Militärakademie in Sankt Petersburg und haben in der russischen Armee gedient.

Das unscheinbare Bürogebäude befindet sich in einem der nordöstlichen Vororte von Moskau. ‚Business Centre' kann man auf einem Schild lesen. In der Nähe gibt es moderne Wohnblocks und einen Friedhof. Hier wurden einst die Rekruten der Armee Peter des Großen ausgebildet. In diesem Gebäude sind jetzt Soldaten eine neuen Generation in den Krieg gezogen: Den Krieg im Internet.

Diese Programmierer arbeiten für das Unternehmen NTC Vulkan. Auf den ersten Blick könnte man glauben, dass sich diese Firma mit der Sicherheit im Netz befasst. Doch das ist ein Irrtum. Tausende Dokumente, die im Westen aufgetaucht sind, belegen, dass diese Programmierer im Auftrag von Vladimir Putin und den russischen Geheimdiensten als Saboteure im Internet tätig sind.

Ein Spur führt zu Sandworm, der Gruppe von Hackern, die gleich in den ersten Tagen des russischen Angriffs auf die Ukraine versucht hat, das Telefonnetz des Landes unbrauchbar zu machen. Es wurden auch Angriffe während der Olympischen Spiele in Süd-Korea durchgeführt. Ferner sind die folgenden Programme bekannt:

- NotPetya, oder Scan-V, sucht im Internet nach Schwachstellen und speichert diese Daten zur späteren Verwendung
- Amezit dient der Überwachung und Kontrolle in von Russland kontrollierten Gebieten
- Crystal-2V ist eine Software zum Training von Hackern. Damit können sie üben, die Bahn anzugreifen, oder die Infrastruktur im Bereich des Luftverkehrs oder der Seehäfen eines Landes anzugreifen.

Die von einem Whistleblower gelieferten Daten decken den Zeitraum von 2016 bis 2021 ab. Derartige Informationen aus Russland sind extrem selten. Wenige Tage nach der Invasion in der Ukraine stellte diese unbekannte Quelle die Dateien der SÜDDEUTSCHEN ZEITUNG zur Verfügung.

Dazu gehören E-Mails, interne Dokumente, Projektpläne, zur Verfügung stehende finanzielle Mittel und Verträge

Welche Lehren [29, 32] lassen sich nun aus der Analyse des Materials ziehen, das durch einen Whistleblower aus Russland bekannt geworden ist. Hier ist zu nennen:

1. Das Militär und die Geheimdienste Russlands bedienen sich einer Reihe von Methoden und setzen verschiedene Tools ein, um ihre Ziele zu erreichen. Es handelt sich nicht um verstreute Gruppen von Hackern, die Lösegeld erpressen wollen, sondern um gesteuerte Aktionen, die vom russischen Staat unterstützt werden. Es gibt Pläne, und es werden verschiedene Plattformen und Fähigkeiten angeboten, um Ziele in Echtzeit angreifen zu können. Zwei Projekte, nämlich Amezit und Skan, sind darauf ausgelegt, in sozialen Netzwerken Desinformationen zu streuen und Ziele zu identifizieren, die relativ leicht

von Hackern angegriffen werden können. Ein drittes Programm, Crystal-2 genannt, dient dem Training für Ziele der kritischen Infrastruktur, darunter die Luftfahrt, Schiffe, Häfen und die Eisenbahn.

2. Die Software von Vulkan durchsucht das Internet nach Zielen und Schwachstellen. Das Projekt erlaubt es Kunden aus den Streitkräften und den Geheimdiensten, potentielle Ziele anzusehen. Dazu können Landkarten gehören. Auf einer Grafik ist ein Ort in den USA zu sehen, an dem sich eine hohe Zahl an Internet-Servern befindet. Auf einer anderen Karte ist das Kernkraftwerk Mühleberg in der Schweiz, in der Nähe von Bern, eingezeichnet, sowie das Außenministerium der Eidgenossenschaft. Es ist nicht ersichtlich, ob diese Ziele nur dem Training von Hackern dienen, oder tatsächlich attackiert werden sollen.

3. Der Krieg in der Ukraine hat zu Konsequenzen geführt, mit denen man wohl im Kreml nicht gerechnet hatte: Das Material stammt von einem Whistleblower aus Russland, der sich zu seinem Motiv wie folgt äußert: „Ich bin wütend über die schrecklichen Dinge, die dort geschehen." Er denkt wohl an den Krieg in der Ukraine, an Kriegsverbrechen. Von westlichen Geheimdiensten wird das gelieferte Material als authentisch bezeichnet.

4. Einer der Kunden von Vulkan scheint die Gruppe *Sandworm* zu sein, die beim Angriff auf die Infrastruktur der Ukraine eine Rolle gespielt hat. Sie wird auch als Einheit 74455 des GRU bezeichnet.

5. Kampagnen zur Verbreitung von Desinformationen können – zumindest teilweise – automatisiert werden. Dazu gehört das Anlegen von Accounts auf den

Plattformen Facebook, Twitter und YouTube. Die Software von Vulkan ist auch dazu in der Lage, Fotos von real existierenden Personen zu kopieren, um solche gefälschte Accounts glaubwürdig zu machen. Existieren diese Accounts erst, können sie eingesetzt werden, um Fake News zu verbreiten.

6. Hacker können nicht nur Programme löschen, Gerüchte säen und falsche Informationen verbreiten, sondern ihre Fähigkeiten reichen über den Bereich der Software hinaus: Sie können Router überlasten, Festplatten zerstören, Teile der Infrastruktur eines Landes lahm legen oder völlig unbrauchbar machen.

7. Etwas Spaß muss sein: Die Software einer der Hacker von Vulkan war die Einladung zu einer Silvester-Party in New York. Wenn ein User den Link in einer Mail anklickt, erscheint das Image eines Bären mit einer Flasche Champagner und zwei Sektkelchen. Die Hacker wünschen „wundervolle Feiertage, Gesundheit und ein friedfertiges Neues Jahr." Im Hintergrund spielt eine russische Militärkapelle.

Ein Kernkraftwerk [30] ist kein Ort, mit dem man leichtfertig umgehen sollte. Die Unfälle in Scarsdale, Tschernobyl und Fukushima haben gezeigt, welche Schäden entstehen können. Noch in diesem Jahrhundert sollte man Wildbrett oder Pilze aus der Oberpfalz nicht unbedingt verzehren.

Idyllisch gelegen: Atomkraftwerk Mühleberg in der Schweiz

Das der SZ zugespielte Material umfasst 5 000 Seiten und erlaubt das erste Mal einen fast vollständigen Blick auf die Aktivitäten russischer Hacker, ihre Verflechtungen mit den Geheimdiensten, die eingesetzten Tools, die Taktik und die wichtigsten Ziele in den Staaten des Westens.

2.24 Ein kleines Land in Asien

In a country well governed, poverty is something to be ashamed of. In a country badly governed, wealth is something to be ashamed of.
Confucius

Bei Hackern fällt den meisten Zeitgenossen [25] vermutlich nicht zuerst Nord-Korea ein. Bei diesem weitgehend isolierten Land in Asien denken wir eher an Tests mit Raketen und die unterirdische Zündung von Atombomben.

153

Doch auf den zweiten Blick kann man natürlich fragen, wie ein Programm zum Bau von Atombomben und der Herstellung interkontinentaler ballistischer Raketen finanziert werden kann. Die dafür notwendigen Materialien, auch waffenfähiges Uran, sind nicht billig.

Nord-Korea ist mit Sanktionen belegt, das Land ist bitterarm. Grundnahrungsmittel, meistens Reis, wird zugeteilt. Es sterben Menschen an Hunger, darunter Kinder.

Regiert wird Nord-Korea seit Jahrzehnten von einem Mitglied der Familie Kim. Dieser Name ist in Asien so geläufig wie Schmidt, Meier oder Lehman hierzulande.

Gegründet wurde die Dynastie nach dem Koreakrieg von Kim Il Sung. Wer sich die Gesellschaft des Landes anschaut, der stößt auf drei Klassen:

1.   Elite
2.   Mittelklasse
3.   Ablehnend gegenüber dem Regime

Zur Elite zählt, wer zur Familie Kim zählt oder mit ihr verwandt ist. Hoch angesehen sind auch Bürger, die im Krieg gegen Süd-Korea gekämpft haben oder von einem dieser Veteranen abstammen.

Es gibt noch eine zweite Art, die Bürger einzuteilen:

1.   Tomaten: Innen und außen rot, überzeugte Kommunisten
2.   Äpfel: Nur außen rot, dieser Bürger hegt heimlich Zweifel
3.   Weintrauben: hoffnungslos

Das Regime in Pjöngjang ist isoliert, hat im Wesentlichen lediglich zwei Verbündete: China, und die Sowjetunion, heute also Russland. Es wurde gelegentlich versucht, diese beiden Mächte gegeneinander auszuspielen, doch das hat selten geklappt.

Kim Il Sung, der Gründer der Dynastie

Wie gelingt es Nord-Korea also, trotz der Knappheit selbst von Reis, zu überleben und dabei ein kostspieliges Programm zum Bau von Raketen und einer Atombombe zu realisieren?

2.24.1 Blüten

Im Jahr 1989 kam einem Kassierer bei der Zentralbank der Philippinen etwas seltsam vor, als er einen Geldschein im Wert von $100 in der Hand hatte. Wer tagaus, tagein mit Banknoten zu tun, der entwickelt manchmal einen sechsten Sinn für Fälschungen. Vielleicht war es das Papier, möglicherweise war es der Druck. Jedenfalls wurde der fragliche Geldschein in die USA geschickt.

Bei den Behörden in den USA war man entsetzt, als man diese Banknote untersuchte. Es handelte sich um eine Fälschung, doch es war die beste Blüte, die man jemals gesehen hatte. Bei der Qualität dieser gefälschten Banknoten konnten sie bereits jahrelang in Umlauf sein, ohne dass es aufgefallen war.

Nun schrillten beim Secret Service die Alarmglocken. Viele Zeitgenossen mögen glauben, dass es die Aufgabe der Frauen und Männer [23, 24] des Secret Service ist, den US-Präsidenten und seine Familie zu schützen. In unseren Tagen trifft das zu, aber gegründet wurde die Behörde nicht zu diesem Zweck. Vielmehr war es zunächst die Aufgabe, die eigene Währung zu schützen.

Es wird geschätzt, dass nach dem Ende des Bürgerkriegs ein Drittel bis zur Hälfte des umlaufenden Bargelds aus Blüten bestand. Die Cowboys kassierten ihren wöchentlichen Lohn ohnehin lieber in der Form von Münzen. Die waren schwerer zu fälschen.

Wegen ihrer ausgezeichneten Qualität bekamen diese Banknoten den Namen Super-Dollars. Im Jahr 1994 kam man auf eine Spur. Im Juni dieses Jahres kaufte eine Bank in New York $280 000 von der Banco Delta Asia. Dieses Institut hatte seinen Sitz in Macau, der früheren portugiesischen Kolonie. Heute handelt es sich um einen Teil Rotchinas, dem einzigen Ort, wo Glücksspiele nicht verboten sind.

Die Bank in China hatte diese Blüten von einer Firma namens Zokwang Trading erhalten. Sie hatte ihren Sitz im fünften Stock eines Gebäudes in einem Viertel, das kein Industriegebiet war. Journalisten, die später dort klingelten, fanden ein normal eingerichtetes Büro vor. Auffällig waren allenfalls die Fotos von Kim Il Sung und Kim Jong Il an den Wänden.

Im Jahr 1995 betrat eine Gruppe von Männern einen Fotoladen in Thailand. Dessen Besitzer war ein Geldwechsler. Die Kunden hatte $9 000 in Hundert-Dollar-Scheinen bei sich und wollten das Geld in lokale Währung umtauschen.

Der Besitzer des Ladens stimmte zu, wurde aber nachträglich misstrauisch. Die lokale Polizei und der Secret Service folgte der Spur nach Phnom Penh, der Hauptstadt von Kambodscha. Sie stießen auf einen Mann, der sich Kazunori Hayashi nannte. Er besuchte häufig die Botschaft Nord-Koreas.

Das war eine fälsche Identität. In Wahrheit hieß dieser Mann Yoshima Tanaka und war ein Terrorist, der mit seiner Gruppe in Japan Anschläge verübt hatte. Nach der Entführung eines Flugzeugs war Tanaka untergetaucht. Nach einer spektakulären Flucht in einem Mercedes wurde Tanaka festgenommen, im Jahr 1999 jedoch aus Mangel an Beweisen wieder frei gelassen. Immerhin wurde er nach Japan ausgewiesen.

Nach der Aussage von Flüchtlingen aus Nord-Korea hatte man sich beim Secret Service inzwischen die folgende Geschichte ausgedacht: Seit den 1970er Jahren hatte Kim Jong Il die Vertretungen des Lands im Ausland, in erster Linie die Botschaften, aber auch Handelsfirmen, angewiesen, fremde Währungen, also Dollars, zu beschaffen. In der Folge druckte man selbst Dollarscheine, die Hundert-Dollar-Noten.

Nun stellt sich die Frage, wie es ein Land anstellen kann, eine nahezu perfekte Banknote in einer Fremdwährung herzustellen. Hierzu benötigt man drei Dinge:

1. Druckerpressen und Druckplatten
2. Das richtige Papier
3. Die perfekt passende Farbe

Banknoten werden meistens auf Maschinen von Giori gedruckt. Dieser Hersteller in Italien gehört inzwischen der deutschen Firma König & Bauer. Nord-Korea ist ein souveränes Land und hat das Recht, Banknoten zu drucken. Deswegen gab es keinen Grund, diese hochwertigen Druckerpressen nicht an die Regierung in Pjöngjang zu verkaufen.

Woher das richtige Papier, zum großen Teil aus Baumwolle bestehend kommt, ist bis heute unklar. Es besteht jedoch der Verdacht, dass Ein-Dollar-Scheine gekauft, eingeweicht und die Druckerfarbe ausgewaschen wurde. Aus diesem Rohmaterial wurde das Papier gewonnen.

Die Farbe für Dollarnoten beziehen die USA von SICPA in der Schweiz. Für den Wert von $100 wurde eine spezielle Mischung geordert, die schwer zu fälschen war. Die Regierung in Nord-Korea bestellte ebenfalls eine Tinte, die beim Einfall von Licht ihre Farbe ändert.

Wozu brauchte man in Nord-Korea eine solche teure Tinte? Wenn die Währung dieses Landes ohnehin keiner haben wollte? Es besteht der Verdacht, dass man diese Art von Tinte nur zu dem einen Zweck kaufte, um Dollar-Noten fälschen zu können.

Es bleibt die Frage, wie es gelang, die Blüten unters Volk zu bringen. Dem Regime in Nord-Korea gelang es selten, bei Banken im Ausland Girokonten zu eröffnen. In der Folge mussten Reisende, wenn sie Devisen benötigten, die Vertretung ihres Landes aufsuchen. Sie bekamen Bargeld, doch in vielen Fällen befanden sich Blüten unter der legalen Währung.

Man schreckte auch nicht davor zurück, Kriminelle einzuspannen. Terence Silcock, ein Gangster aus England, buchte regelmäßig Flüge nach Dublin, ließ den Rückflug aber verfallen. Stattdessen nahm er lieber die Fähre. Er ging davon aus, dass die Kontrollen bei der Einreise mit dem Schiff laxer sein würden, und er hatte Blüten in großer Menge in seinem Gepäck.

Moskau war ein beliebter Umschlagplatz für Falschgeld. Doch nun holte das FBI zum großen Schlag aus. Zwei ihrer Agenten spielten ein heiratswilliges Paar. Die Hochzeit sollte mit großem Pomp in Atlantic City, dem Gegenspieler von Las Vegas an der US-Ostküste, gefeiert werden. Die Trauung sollte am 21. August 2005 um 14 Uhr stattfinden. Neunundfünfzig der Gäste wurden festgenommen. Einer von ihnen war ein Schmuggler, der Panzer-Abwehr-Raketen ins Ausland verkauft hatte. Er wanderte für fünfundzwanzig Jahre hinter Gitter.

Obwohl es den Behörden der USA und des Vereinigten Königreichs gelungen war, die Verteilung der Blüten einzudämmen, schien das Regime in Pjöngjang nicht besonders besorgt zu sein.

Das Internet war verfügbar, es gab Online Banking, und für viele Banken in den Ländern der Dritten Welt war das ein neues Feld. Warum nicht diese Gelegenheit nutzen?

2.24.2 Bankraub der anderen Art

In den meisten Ländern der westlichen Geld sind der Samstag und der Sonntag [22] arbeitsfrei. In muslimisch geprägten Ländern gilt das für den Freitag und den Samstag. Wer also eine Bank ausrauben will, nicht mit Maske und Pistole ausgerüstet, für den bieten diese Tage eine günstige Gelegenheit. Noch besser ist es, wenn ein arbeitsfreier nationaler Feiertag unmittelbar folgt.

 Zubair bin Huda, ein Angestellter der Zentralbank in Bangladesch, erschien am 5. Februar 2016, trotz des Feiertags, um 8 Uhr morgens zur Arbeit. Es gab ein Problem mit einem Drucker. Er spuckte kein Papier aus. Jeder, der mit Computern arbeitet, weiß, dass so etwas schon mal vorkommt. Doch das war nicht irgendein Drucker. Auf ihm wurden die Transaktionen der Bank mit der Federal Reserve in den USA ausgedruckt.

Zentralbank von Bangladesch

Am nächsten Tag, das war ein Samstag, gelang es Huda, den Drucker zum Laufen zu bringen. Doch die Erleichterung hielt nicht lange an. Die Fed bat dringend um Aufklärung. Sie hatte Instruktionen erhalten, offenbar von der Zentralbank in Bangladesch, die gesamten Reserven des Landes, knapp eine Milliarde Dollar, zu überweisen. Die erste Anweisung stammte vom Freitag, aber wegen des ausgefallenen Druckers merkte man das in Bangladesch erst am Samstag gegen Mittag. Wer immer das veranlasst hatte: Die Zentralbank von Bangladesch war es jedenfalls nicht.

Es wurde ein Berater namens Rakesh Asthana hinzugezogen, um bei der Aufklärung zu helfen. Der Vorsitzende der Bank hatte es bisher unterlassen, dem Finanzminister des Landes mitzuteilen, dass fast ihre gesamten Reserven im Ausland vermisst wurden.

Um Zeit zu gewinnen, setzten die Hacker nun auf einen weiteren Trick. Das Geld wurde von der Fed in New York auf ein Konto bei einer Bank in Manila überwiesen. Dort war es der 8. Februar, der erste Tag des Jahres im Mondkalender, mithin ein Feiertag. Ein Fehler war den Hackern jedoch unterlaufen. Wenn ein Geld zwischen zwei Banken transferiert werden soll, müssen sie gegenseitig Konten unterhalten. Ist das nicht der Fall, kommt eine dritte Bank ins Spiel, bei der beide Institute ein Konto unterhalten.

Dieser kleine Fehler wurde schnell korrigiert. Die Summe von insgesamt $951 Millionen sollte in 34 Tranchen überwiesen werden. Nun hatten die Hacker Pech: Die Bank, zu der das Geld wandern sollte, hatte ihren Sitz in der *Jupiter Street*. Es war aber so, dass Jupiter auch der Name eines Schiffs aus dem Iran war. Die USA hatten Sanktionen gegen den Iran verhängt, und als dieser Name in einer Überweisung auftauchte, schrillten die Alarmglocken. Die Fed stoppte den Großteil der Überweisungen, doch nicht alle. Vier von ihnen wurden durchgeführt. Hinzu kam die erste Überweisung, und in der Summe ging es um $101 Millionen.

Das war nicht eine Milliarde, die sich die Hacker erhofft hatten, aber immer noch ein beträchtlicher finanzieller Aderlass für Bangladesch.

Wenden wir uns nun der Frage zu, wie es den Hackern gelang, in das System der Zentralbank einzudringen und dort ihre eigene Software zu installieren. Am 29. Januar 2015, fast ein Jahr vor dem Bankraub, war eine E-Mail von einem Mann namens Rasel Ahlam eingetroffen. Er nutzte die Adresse *yardgen@gmail.com* und fragte, ob er für die Bank arbeiten könne.

Angeheftet war der Lebenslauf, und wer ihn anklickte, installierte unwissentlich ein Virenprogramm. Diese E-Mail wurde von der Personalabteilung bearbeitet, und sie war nicht für Überweisungen zuständig.

Doch in den nächsten Wochen und Monaten gelang es den Hackern aus Nord-Korea, weitere Rechner zu infizieren. Am 26. Januar 2016 gewannen sie die Kontrolle über den Computer, der Verbindung mit SWIFT hatte. Das ist das Netz der Banken, das für den internationalen Zahlungstransfer genutzt wird. Um ihre Aktivitäten zu verbergen, machten sie den Drucker, der diese Transfers aufzeichnen würde, unbrauchbar.

Was die oben erwähnte Adresse betraf, so war sie bereits früher aufgetaucht. Als es darum ging, das Studio von MGM in Hollywood anzugreifen.

2.24.3 Geldwäsche

Das bei der Fed in New York gestohlene Geld landete bei der Bank RCBC in Manila, die in der Jupiter Street ihre Schalter hatte. Bei dieser Filiale waren am 13. Mai 2015 fünf Konten eröffnet worden. Das hätte bereits damals Verdacht erregen müssen: Alle diese Kunden hatten den gleichen Beruf und verdienten gleich viel, obwohl sie für verschiedene Unternehmen arbeiteten. Die Bank sandte diesen Kunden Briefe, mit den die Eröffnung eines Kontos bestätigt wurde. Sie kamen ungeöffnet zurück.

RCBC Bank in Manila

Für Monate tat sich nichts auf diesen Girokonten, doch am 5. Februar 2016 wurden diese Kunden plötzlich zu Multi-Millionären:

- Michael Cruz hatte $6 000 029,12 auf seinem Konto.
- Jessie Lagrosas war im Besitz von $30 000 028.79.
- Alfred Vegara besaß $25 19 999 990.00.
- Enrico Vasquez hatte ein Vermögen von $25 001 573.88.

Insgesamt waren das rund 81 Millionen Dollar. Die vier Millionäre holten ihr Geld niemals ab, denn sie existierten gar nicht. Nun kommen zwei Männer ins Spiel. Maia Santos Deguito war der Leiter der Zweigstelle von RCBC in der Jupiter Street. Kim Wong, ein Chinese, organisierte Glücksspiele in den Kasinos der Stadt.

Deguito schwor, dass er das Geld Wong als den bevollmächtigten Vertreter der vier Millionäre überlassen habe. Wong bestreitet das. Romualdo Agarrado, eine Angestellte in der Filiale der Bank, erzählte, dass zwanzig Millionen Pesos, also rund $400 000, einem Kunden in einem Pappkarton in den Wagen gereicht wurden. Die Überwachungskameras waren, wen wundert es, gerade ausgefallen.

Nun wurde das Bay-View Park Hotel, ein Kasino, genutzt, um das Geld zu waschen. Im ersten Schritt wurde Bargeld in Jetons umgetauscht. Damit wurde Roulette gespielt. Die Kunden gingen jedoch keine großen Risiken ein, verloren nicht viel, und tauschten die Jetons wieder um in Bargeld. Damit war die Herkunft nicht mehr nachvollziehbar.

2.24.4 Geldautomaten und Sherpas

Diese Männer kamen überall aus Indien: Ein Taxifahrer aus Mumbai, ein Apotheker aus Prune, ein Caterer aus Nanded, und ein Gutachter aus Virar. Sie reisten stundenlang durch das Land, in der Regensaison, und ihr Ziel war Kolhapur. Eine Stadt mit einer halben Million Einwohner im Bundesstaat Maharashtra.

Es war kein Festival, und auch kein religiöses Ereignis, zu dem sie wollten. Ihre Aufgabe, für die sie sorgfältig vorbereitet worden waren, bestand darin, aus den Geldautomaten dieser Stadt mit gefälschten Girokarten in einem bestimmten Zeitfenster so viel Geld abzuheben, wie möglich war.

Der Zeitpunkt war kritisch, und er musste exakt eingehalten werden. Am 11. August 2018, um 3 Uhr nachmittags, das war ein Samstag, begann die Aktion. Es kam nicht darauf an, welche Bank den Automaten aufgestellt hatte. Die Karte wurde eingeführt, eine PIN eingegeben, das Bargeld kassiert.

Um 22 Uhr war alles vorbei. Die Fußsoldaten, die Sherpas, erhielten einen Lohn von $500. In einem Land, in dem das durchschnittliche Jahreseinkommen $2 000 beträgt, ist das eine Menge Geld. Die Bosse sammelten $350 000 ein.

Cosmos-Bank in Indien

Doch Indien war nicht das einzige Land, in dem Bankautomaten geplündert worden. Gleichartige Aktionen fanden auch in den USA, in Kanada, England, der Türkei, Polen und Russland statt. Weltweit betrug die Beute mehr als elf Millionen Dollar.

Die Cosmos-Bank in Indien ist die zweitälteste, und die zweitgrößte, in Indien. In Deutschland würden wir von einer Sparkasse reden. Beginnend im September 2017 trafen sorgfältig formulierte E-Mails bei den Mitarbeitern dieser Bank ein. Was darin stand, ist nicht bekannt geworden, doch vermutlich haben die Mitarbeiter einen Anhang geöffnet, indem sie ihn anklickten. Damit wurde ein Virenprogramm installiert.

Wenn sie in der Bank waren, kundschafteten die Hacker die Operationen des Instituts aus. In diesem Fall interessieren sie sich besonders dafür, wie die Bank damit umging, wenn ein Kunde Geld von einem Automaten abheben wollte. Im Juli

2018 wussten sie genau, wie der Prozess zur Genehmigung einer Abhebung sich darstellte.

Die Hacker hätten nun einfache jede Abhebung genehmigen können. Das hätte jedoch Verdacht erregen können. Sie suchten stattdessen 450 Kundenkonten aus. Nun erhöhten sie das Limit, das jeder dieser Kunden zur Verfügung hatte, auf $10 000. Mehr Geld würde ein Automat bei einer einzigen Transaktion nicht herausgeben.

Blanke Girokarten kann man für rund zweihundert Dollar kaufen, und sie zu fälschen, erfordert zwar einiges Wissen, ist aber möglich. In Indien wurden dreiundzwanzig Personen mit den gefälschten Girokarten ausgestattet. Zwei von ihnen sammelten in einem Zeitraum von wenigen Stunden bei den Automaten von 31 Banken an 52 Stellen $121 000 ein.

In den USA schrieb man diesen Fischzug *Hidden Cobra* zu, einer Gruppe von Hackern aus Nord-Korea.

2.24.5 TV-Sender und ein Studio in Hollywood

Banker waren nicht das einzige Ziel der Hacker aus Nord-Korea. In vielen Fällen bestand das Motiv daran, Geld zu beschaffen. Doch das war nicht immer der Fall.

Am 20. März 2013, das war ein Mittwoch, fielen bei dem Sender YTN, einem Unternehmen in Seoul, Süd-Korea, reihenweise die Computer aus. Der Grund war eine beschädigte Datei, der sogenannte *Master Boot Record* (MBR). In dieser Datei wird beim Einschalten des Computers nachgesehen, auf welcher Adresse das Betriebssystem, meistens wohl Windows, zu finden ist.

Ist der MBR unbrauchbar, kann der Rechner nicht starten.

Auch MGM, das große Studio in Hollywood, war ein Ziel der Hacker. Es war damals im Besitz von Sony, des Konzerns aus

Japan. Der Grund dürfte gewesen sein, dass das Studio einen Spielfilm drehen wollte, in dem ein Charakter auftauchte, der eine gewisse Ähnlichkeit mit Kim Jong Un aufwies.

Im Juni 2014 protestierte der Botschafter Nord-Koreas wegen dieses Streifens bei der UNO: „Es zu erlauben, einen Film zu produzieren und zu verbreiten, in dem ein Staatsoberhaupt hingerichtet wird, sollte als Terrorismus und ein Grund für einen Krieg betrachtet werden."

Der Film wurde trotzdem gedreht, aber viele größere Kinos zeigten ihn nicht. Die Betreiber hatten Angst vor einem Anschlag.

Kim Jong Un

Wir wissen nicht, wer diese Hacker aus Nord-Korea sind. Im Westen werden sie meistens als die Lazarus-Gruppe bezeichnet. Fest steht allerdings, dass sie sich mit Computern, deren Betriebssystemen und dem Internet auskennen. Ihre Fähigkeiten sind nicht geringer als die von Hackern aus China oder Russland.

2.24.6 Bitcoins

Im Jahr 2022 startete Nord-Korea 95 Raketen und Marschflugkörper, ein neuer Rekord. Das geschah trotz der Sanktionen, die von der UNO gegen das kommunistische Regime verhängt worden waren. Doch irgendwie musste dieses Programm finanziert worden. Woher kommt also das Geld?

Eine neue Einnahmequelle [28] ist offenbar die Crypto-Währung, also Bitcoins. Im Jahr 2022 sollen Hacker stolze $1,7 Milliarden gestohlen haben. Bei einer einzelnen Operation im März des Jahres 2022 wurden Beträge von einer Blockchain zu einer anderen transferiert, verbunden mit dem Spiel Axie Infinity. Das brachte $600 Millionen ein.

Um ihre Diebstähle zu verbergen, benutzen die Hacker aus Nord-Korea eine Reihe von Tricks. Dazu gehört es, die Beute in kleinere Beträge aufzuteilen, das Geld zwischen Wallets zu verschieben oder umzutauschen.

Das Geld wird sofort eingesetzt, um die Ziele der eigenen Führung zu erreichen. Im Jahr 2022 wurden zwei Süd-Koreaner unter dem Verdacht der Spionage für das Land im Norden festgenommen. Darunter war ein Offizier der Armee. Er sollte mit Bitcoins entlohnt werden.

Bitcoins, eine virtuelle Währung

Güter werden über die Botschaften Nord-Koreas im Ausland, oder von damit verbundenen Tochterfirmen, beschafft. Die USA haben Konten in der Währung Bitcoins verboten, wenn sie mit Nord-Korea in Verbindungen stehen. Im November 2022 gelang es Ermittlern in Norwegen, $5,8 Millionen sicherzustellen. In der Regel sind sich die Regierungen der Länder der westlichen Welt der Gefahr kaum bewusst.

Ende Februar 2024 fiel dem Chef der Kryptobörse Bybit, Ben Zhou, auf, dass auf seiner Plattform eine große Menge Geld abgeflossen war. Doch wie war das möglich? Solche Transaktionen waren nur mit seiner Genehmigung – und der von einer Reihe hochrangiger Mitarbeiter – möglich.
  Obwohl weniger bekannt als Bitcoin, handelt es sich bei der in Dubai ansässigen Börse [45] um die zweitgrößte in diesem Markt. Die Währung selbst wird Ethereum genannt.

Ben Zhou

Bevor Ben Zhou richtig begriffen hatte, was geschehen war, konnte er nichts mehr tun: Rund $1,6 Milliarden in der Währung Ethereum sind verschwunden, und alle Indizien deuten auf die in Nord-Korea ansässige Hackerbande Lazarus.

Wie dieser Angriff der durchaus kompetenten Hacker abgelaufen ist, lässt sich im Detail nicht rekonstruieren. Als wahrscheinlich gilt jedoch, dass sie über Monate hinweg mit einer Engelsgeduld die Mobiltelefone der Mitarbeiter von Ben Zhou abgehört haben. Auf diese Weise dürften sie erfahren haben, wer bei großen Transaktionen zustimmen musste. Folglich konnten sie an dieser Stelle eingreifen.

Der Chef der Börse versuchte erst gar nicht, den Diebstahl zu verschleiern oder zu leugnen. Offenbar ist das Unternehmen solvent genug, um einen derartigen Verlust ausgleichen zu können.

Das Geld wird auf Umwegen nach einigen Monaten dem Regime in Nord-Korea zu Gute kommen. Diktator Kim Jong-un benötigt finanzielle Mittel, um Uran einzukaufen, um sein Programm zum Bau von Raketen zu finanzieren.

2.24.7 Ein Hacker schlägt zurück

For every thousand hacking at the leaves of evil, there is one striking at the root

Thoreau

Hacker aus Nord-Korea sind aktiv in den Netzwerken des Westens. Insofern mag es diese Burschen überrascht haben, dass ein wachsamer Hacker aus Florida [40] sich gewehrt und zurückgeschlagen hat. Lange war über diesen Mann nur das Handle, P4x, bekannt. Doch in unseren Tagen hat er sich zu erkennen gegeben.

Alejandro Caceres ist 38 Jahre alt, aus Kolumbien in die USA eingewandert und lebt in Florida.

Wie bei anderen Hackern in den USA hatten Angreifer aus Nord-Korea versucht, die Werkzeuge von Caceres aus seinem Computer zu stehlen. Er hatte sich deswegen an das FBI gewandt, aber keine Hilfe bekommen.

Alejandro Caceres

Er entschloss sich daraufhin, diese Angelegenheit selber zu regeln und dem Diktator Kim Jong Un eine klare Nachricht zu senden: Hacker in den USA anzugreifen, würde nicht ohne Folgen bleiben. „Ich glaube, das war das Richtige", erklärte Caceres WIRED. „Wenn wir ihnen nicht zeigen, dass wir Zähne haben, werden sie es immer wieder versuchen."

Für den Angriff setzte Caceres DDOS ein. Das Internet in Nord-Korea war für etwa eine Woche beeinträchtigt.

Für den Großteil der fünfundzwanzig Millionen Einwohner von Nord-Korea existiert das Internet nicht. Lediglich einige Tausend Menschen, die sich zur herrschenden Clique zählen, können auf das Netz zugreifen.

„Ich hörte über das World Wide Web in der Schule", berichtet ein Dissident, der fliehen konnte. „Doch das war alles nur Theorie." Der Forscher Kim Suk-Han erzählt, dass er fünf Mal auf das Internet zugreifen durfte. Er war während eines Besuchs in China darauf aufmerksam geworden, und das weckte Hoffnungen. Als dieser Bürger zurück in der Heimat war, musste er feststellen, dass der Zugriff auf das Netz stark limitiert war, und er dauernd überwacht wurde.

Caceres befürchtete zunächst, dass er wegen seiner Aktivitäten verhaftet werden könne. Das FBI und das Pentagon interessierte sich aber in erster Linie dafür, wie er den Angriff auf das Netz in Nord-Korea durchgeführt hatte.

2.25 Aus heiterem Himmel

If at first you do succeed, hide your astonishment.

Lucille S. Harper

Fehler in der Software begleiten uns seit Jahrzehnten. Gut organisierten Unternehmen gelingt es meistens, den Großteil dieser Fehler vor der Auslieferung der Programme an die Kunden zu beseitigen. Es ist jedoch wahrscheinlich, dass ein kleiner Teil Restfehler in der Software [42] verbleiben wird. Das trifft besonders dann zu, wenn es um Programme im Umfang von mehreren Millionen Lines of Code geht.

Es war in den frühen Morgenstunden des 19. Juli 2024, als Andrew Rosenberg, ein Arzt im Krankenhaus Michigan Medicine [42] an der US-Ostküste, bemerkte, dass eine ganze Reihe von Computern ausgefallen waren. Das wurde in dieser Klinik als ein katastrophaler Vorfall eingestuft. Es wurde schnell klar, dass es sich nicht um einen isolierten Einzelfall handeln konnte.

175

Chaos am Flughafen

In Australien konnte ein Radiosender sein Programm nicht mehr ausstrahlen. Ein Krankenhaus in Schleswig-Holstein strich alle nicht lebensnotwendigen Operationen für diesen Tag. Bei einer deutschen Kette von Supermärkten funktionierten die Kassen nicht, die Läden sperrten zu.

In Flughäfen konnten die Passagiere nicht abgefertigt werden, die Maschinen blieben am Boden. Verspätungen bis in das Wochenende hinein waren die Folgen.

Das Unternehmen CrowdStrike war vor dem 19. Juli 2024 höchstens ein paar Insidern bekannt. Es hatte im Wahlkampf zwischen Donald Trump und Hillary Clinton gewarnt, dass Daten von Hackern aus Russland gestohlen würden. Dort war man ahnungslos, oder arglos.

Dmitri Alperovitch, einer der Gründer von CrowdStrike, hatte seine Kindheit in Russland [41] verbracht und war mit seinen Eltern in die USA eingewandert. Die Firma bietet ein Programm namens Falcon Pro an, das Rechner gegen Angriffe aus dem Netz schützen soll. Das Jahresabonnement kostet knapp fünfhundert Dollar. Es wird Schutz gegen Viren, vor Ransomware, die sichere Nutzung von USB-Sticks, sowie eine Bedrohungsanalyse, versprochen.

Ein Sprecher von CrowdStrike versicherte zunächst, dass es sich nicht um einen Cyber-Angriff handeln würde. Angesichts des Kriegs in der Ukraine konnte man durchaus auf diese Vermutung kommen.

Dmitri Alperovitch

CrowdStrike veröffentlichte am 19. Juli 2024 um 04.09 UTC ein Update seiner Software, die für Windows-Rechner bestimmt war. Das ist Routine, um Falcon mit aktuellen Daten zu Bedrohungen zu versorgen. Dies führte zu einem logischen Fehler im Betriebssystem, es stürzte ab, der gefürchtete blaue Bildschirm tauchte auf.

Um 05:27 UTC am 19. Juli 2024 war laut CrowdStrike dieser Fehler in ihrer Software behoben. Das bedeutete natürlich nicht, dass bei den betroffenen Kunden bereits alle Probleme gelöst waren.

Es war eine Datei betroffen, die von Windows benötigt wird, um mit Applikationen der Nutzer zu konfigurieren. Es war möglich, einen Rechner im abgesicherten Modus zu starten. Dann konnte die betroffene Datei händisch gelöscht werden. Das ist jedoch eine Operation, die eines Fachmanns bedarf. Deren Zahl in Unternehmen mit einem großen Netzwerk ist begrenzt, sie können nicht überall gleichzeitig sein. Fernwartung war nicht möglich.

Immerhin trat dieser Fehler an einem Freitag auf, und bis zum Montag der nächsten Woche dürften die Computer der meisten Unternehmen wieder funktionieren. Ein Nebeneffekt darf nicht unerwähnt bleiben: Hacker in Russland und China wissen nun, welche Organisationen, darunter Betriebe der kritischen Infrastruktur, mit einem Virenschutzprogramm von CrowdStrike arbeiten. Das macht es leichter, geeignete Tools für einen Angriff auszusuchen.

Als Fazit lässt sich zusammenfassen: Wir alle hatten nicht damit gerechnet, dass ein Software-Fehler in einem Virenschutzprogramm auftreten und dieser zu gravierenden Auswirkungen führen würde. Der wirtschaftliche Schaden dürfte in die Milliarden gehen.

In dieser Situation wird sich mancher Manager [44] daran erinnern, dass das Unternehmen eine Versicherung abgeschlossen hat, die im Fall eines Cyber-Angriffs Schäden abdecken soll. Doch es handelt sich eben nicht um einen derartigen Angriff, sondern einen Fehler in der Software eines Dienstleisters, der Angriffe aus dem Netz abdecken soll.

Die Meinungen bei den Versicherern sind geteilt. Während ihr Verband meint, dass solche Schäden nicht gedeckt sind, schätzen Versicherer, die sich auf solche Verträge spezialisiert haben, die Lage teilweise anders ein.

Hinzu kommt die Zeitklausel in den meisten Verträgen. Wenn der Betrieb nach acht bis zehn Stunden wieder aufgenommen werden kann, zahlt der Versicherer nicht.

Die Agentur Fitch schätzt, dass der weltweit durch Versicherer abgedeckte Betrag bei weniger als zehn Milliarden Dollar liegen mag.

3 Auf dem Weg zum Cyber War?

Supreme excellence consists in breaking the enemy's resistance without fighting.
Sun Tzu

Wir haben seit den Zeiten, als das Wort Hacker zum ersten Mal in das Bewusstsein einer breiteren Öffentlichkeit gedrungen ist, einen weiten Weg zurückgelegt. Das Motiv der ersten Hacker war vor allem Neugier: Auf die Dinge, die jenseits ihrer unmittelbaren Umgebung lagen. Die man mittels Internet erreichen konnte.

Hacker wurden zum ersten Mal kriminell, als sie der Telefongesellschaft AT&T für ihre Leistungen das Entgelt schuldig blieben. Sie konnten die Telefonrechnungen für die teuren Ferngespräche nicht mehr bezahlen.

Mit der Ausdehnung des Internets auf die Welt, der Erweiterung in der Form des World Wide Web (WWW) wurde das Netz zu einem Medium, das in jedermanns Wohnzimmer seinen Platz fand.

Gegründet wurde es als ARPANET, und seine Aufgabe bestand in erster Linie darin, bei einem Angriff der Sowjetunion mit Atomwaffen den wichtigsten Forschungseinrichtungen und Universitäten der USA das Überleben zu sichern. Dazu war das Netz mit voller Absicht so konstruiert, dass es keine Zentrale hatte. Eine nicht vorhandene Zentrale kann durch einen kriegerischen Akt auch nicht beseitigt werden.

Sicherheit war in jenen Tagen, als die ersten Pläne und Skizzen für das Internet entstanden, als TCP/IP aus der Taufe gehoben wurde, kein Thema. Die Verantwortlichen kannten sich persönlich und vertrauten einander. Es sollte ein Netz für die kontinentalen USA werden, nicht mehr und nicht weniger.

Wie das auch bei anderen Arten von Software so ist: Sicherheit als eine zweite Forderung nachträglich einzubringen ist schwierig, wenn nicht unmöglich.

So stehen wir heute vor der Situation, dass es Tausende von Viren gibt, die über das Internet verbreitet werden können. Auch andere Medien wie USB Sticks werden genutzt.

Es gibt weiterhin Hacker im Alter von Teenagern, es gibt Kriminelle, und wir haben den sogenannten patriotischen Hacker kennengelernt. Das wäre alles weniger schlimm, wenn das Internet nicht diesen rasanten Siegeszug angetreten hätte. Es gibt einfach zu viele Unternehmen, Regierungsstellen, Ämter, Universitäten, Schulen und private Haushalte, die ein Teil des Netzes sind. Damit werden sie angreifbar.

Die Militärs in den USA und anderswo haben in den 1980er und 1990er Jahren verstanden, dass sie sich gegen einen Angriff aus dem Internet und dem WWW verteidigen müssen und entsprechende Kapazitäten [6] geschaffen. Zunächst war die Aufgabe lediglich die Verteidigung, Mitte der 1990er Jahre ist der Angriff dazu gekommen.

Gegenwärtig gehen US-Generäle davon aus, dass sie siebzig Prozent ihrer Kapazität zur Verteidigung einsetzen werden, folglich dreißig Prozent für den Angriff vorgehalten werden.

Doch halten wir einen Augenblick inne. Ist das nicht veraltetes Denken? Planen Generäle nicht immer für den letzten Krieg? Der in dieser Form niemals wieder stattfinden wird?

Die Gliederung des Militärs folgt einem klaren Schema: Boden, See und die Luft. Für den Krieg auf dem Land ist die Armee zuständig, für die hohe See die US Navy, und für den

Luftkrieg die US Air Force. Die Marine leistet sich noch eine Truppe, die für sie kämpft, wenn es an Land geht: Die Marines.

Die Generäle und Admiräle denken in erster Linie daran, ihre eigenen Basen und Ressourcen gegen einen Angriff aus dem Cyber Space zu schützen. Doch ist das nicht eine falsche Spekulation? Würden nicht ganz andere Ziele zuerst angegriffen? Die nicht militärischer Natur sind, sondern der Zivilgesellschaft zugerechnet werden?

Ziele dieser feindlichen Hacker aus dem Internet könnten sein:

- Das Stromnetz einer Industriegesellschaft, einschließlich Kraftwerken und Umspannstationen
- Raffinerien und chemische Anlagen
- Die Börsen der Welt: Die New York Stock Exchange, die London Stock Exchange (LSE) oder der Börsenplatz in Frankfurt
- Banken, einschließlich Zentralbanken, Bankautomaten, Direktbanken
- Große Verkehrsflughäfen
- Pipelines, sowohl für Öl wie für Gas
- Häfen, Zentren der Logistik

Es kann also durchaus sein, dass ein Feind durch die Lahmlegung seiner Infrastruktur oder dessen Zerstörung weit schneller in die Knie gezwungen werden kann, als wenn militärische Anlagen vernichtet werden.

Wie lange kann eine Stadt ohne elektrischen Strom auskommen? Würde nicht innerhalbe einer Woche das Leben völlig zusammenbrechen? Ist unsere Infrastruktur gegen einen gezielt vorgetragenen Angriff aus dem Internet ausreichend geschützt?

Die Antwort wird zu Beginn des 21. Jahrhunderts in vielen Fällen Nein lauten müssen. Und ein Nachteil kommt hinzu: Gerade die hochindustrialisierten Konsumgesellschaften der westlichen Welt sind am verwundbarsten, weil bei ihnen die moderne Technologie sehr stark ein Teil des täglichen Lebens geworden ist.

Gibt es eine Lösung für diese Probleme?

Sicherlich, aber sie wird nicht von einem Tag auf den anderen zu implementieren sein. Und sie wird uns viel Geld kosten.

Anhang A.1: Literaturverzeichnis

[1] Georg Erwin Thaller, *Computersicherheit*, Wiesbaden, 1993

[2] Georg Erwin Thaller, *Spione und Patrioten: Die US-Geheimdienste*, GDdL, 2013

[3] Georg Erwin Thaller, *Chiffren: Die geheimen Nachrichten*, GDdL, 2013

[4] Clifford Stoll, *The Cuckoo's Egg*, New York, 1989

[5] Georg Erwin Thaller, *FBI: Die US-Bundespolizei*, GDdL, 2013

[6] Jason Healey, *A Fierce Domain: Conflict in Cyberspace, 1986 to 2012*, 2013

[7] Georg Erwin Thaller, *Cyber War: Die unsichtbare Front*, GDdL, 2013

[8] Edward Lucas, *The new cold war*, London, 2008

[9] Edward Lucas, *Deception*, London, 2012

[10] David Kushner, "The Real Story of Stuxnet", in *IEEE Spectrum*, March 2013

[11] Richard A. Clarke, *Cyper War*, New York, 2010

[12] Harald Freiberger, Helmut Martin-Jung, "Krimineller Flashmob", in *SZ*, 11. 05. 2013

[13] Nicolas Richter, „Lautlose Attacken", in *Süddeutsche Zeitung*, 8. Mai 2013

[14] Marcel Grzanna, Kai Strittmatter, „Die Armee liest mit", in *Süddeutsche Zeitung*, 20. Februar 2013

[15] "Grenzenloser Informant", in *DER SPIEGEL*, 27/2013

[16] Paul-Anton Krüger, Peter Münch. „Sabotage in zweifacher Hinsicht", in *SÜDDEUTSCHE ZEITUNG*, 13. April 2021

[17] „Post-Colonial Studies", in *THE ECONOMIST*, May 15, 2021

[18] Georg Erwin Thaller, *Piraten, Schrecken der Meere*, GDdL, 2017

[19] Jannis Brühl, „Angriff auf Ka-Sat 9A", in *SÜDDEUTSCHE ZEITUNG*, 5. April 2022

[20] Jannis Brühl, Ronen Steinke, „Saurer Regen aus dem Netz", in *SÜDDEUTSCHE ZEITUNG*, 7. April 2022

[21] „Viasat Still Fending Off Cyberattacks on KA-SAT Satellite Network", in *AVIATION WEEK & SPACE TECHNOLOGY*, May 30, 2022

[22] Georg Erwin Thaller, *Zeitmarken: Unser Kalender*, GDdL, 2018

[23] Georg Erwin Thaller, *Leibwächter: Der Secret Service*, GDdL, 2018

[24] Evy Poumpouras, *Becoming Bulletproof*, London, 2021

[25] Geoff White, *The Lazarus Heist*, London, 2022

[26] Charlie Osborne, "Industroyer: An in-depth look at they culprit behind Ukraine's power grid blackout", April 30, 2018

[27] Renee Dudley, *The Ransomware Hunting Team*, New York, 2022

[28] Andrea Valentino, „Why the Viasat attack still echoes", in *Aerospace America*, November 2022

[28] "Crypto-heist", in *THE ECONOMIST*, February 25, 2023

[29] **Craig Timberg,** "7 takeaways from the Vulkan Files investigation", in *WASHINGTON POST*, March 30, 2023

[30] Georg Erwin Thaller, *Katastrophen*, GDdL, 2017

[31] Luke Harding, Stiliyana Simeonova, Manisha Ganguly and Dan Sabbagh, "Vulkan files leak reveals global and domestic cyberwarfare tactics", in *THE GUARDIAN*, March 30, 2023

[32] Christoph Cadenbach, "Im Netz der Krieger", in *SZ*, 1. April 2023

[33] Catherine Belton, *Putin's People*, London, 2020

[34] Scott J. Shapiro, "On the trail of Dark Avenger", in *THE GUARDIAN*, May 9, 2023

[35] "How Russia-linked hackers stole the Democrats' emails and destabilized Hillary Clinton's campaign", in ABC NEWS, November 4, 2017

[36] Kelly Heyboer, Ted Sherman, Former Rutgers student admits to creating code that crashed the internet, in *NJ ADVANCE MEDIA*, Dezember 13, 2017

[37] Scott J. Shapiro, *Fancy Bear goes phishing*, London, 2023

[38] Eric Convey , "Hacker whose exploits included invading Paris Hilton's mobile phone faces new federal charges", June 2, 2014

[39] "Russia's Notorious Troll Farm Disbands", in *WIRED*, July 8, 2023

[40] **Andy Greenberg**, "A Vigilante Hacker Took Down North Korea's Internet. Now He's Taking Off His Mask", in *WIRED*, Apr 4, 2024

[41] Dmitri Alperovitch, *World on the Brink*, New York, 2024

[42] Georg Erwin Thaller, *Software-Test, Verifikation und Validation*, GDdL, 2015

[43] **Lily Hay Newman, Matt Burgess, Andy Greenberg,** "How One Bad CrowdStrike Update Crashed the World's Computers", in *WIRED*, July 19, 2024

[44] Herbert Fromme, "Ein bisschen versichert", in *SZ*, 24. Juli 2024

[45] Max Muth, „Wie Hacker 1,5 Milliarden Dollar klauten", in *SZ*, 26. Februar 2025

[46] Andy Greenberg, „Israel-Tied Predatory Sparrow Hackers Are Waging Cyberwar on Iran's Financial System", in *WIRED*, June 18, 2025

[47] Kim Zetter, "How China's Patriotic 'Honkers' Became the Nation's Elite Cyberspies", in WIRED, July 18, 2025

[48] Ivo Vichev, *Unit 8200*, 2025

Anhang A.2: Abkürzungen und Akronyme

ABC	American Broadcasting Corporation
ACL	Access Control List
ACM	Association of Computing Machinery
AFOSI	Air Force Office of Special Investigations
AI	Artificial Intelligence (Künstliche Intelligenz)
AIDS	Acquired Immune Deficiency Syndrome
ANO	Advanced Network Operations
ARC	Argonaut Risc Core
ASIC	Application Specific Integrated Circuit
AT&T	American Telephone & Telegraph
AXE	Automatic Cross Connection Equipment
AWACS	Airborne Warning and Control System
BBN	Bolt, Bernak & Neumann
BKA	Bundeskriminalamt
bps	Bits per Second
BRL	Ballistic Research Laboratory
BSI	Bundesamt für Sicherheit in der Informationstechnik
CASE	Computer Aided Software Engineering
CBS	Central Broadcasting System
CCP	Chines Communist Party
CERN	Conseil Europeenne pour la Recherche Nucleaire

	(Europäische Organisation für Kernforschung)
CHIPS	Clearing House Interbank Payments System
CIA	Central Intelligence Agency
CID	Criminal Investigation Division (The Army Cops)
CNN	Cable Network News
COCOM	Coordinating Committee for Multilateral Strategic Export Controls
CPU	Central Processing Unit
DC	District of Columbia
DCA	Defense Communications Agency
DEC	Digital Equipment Corporation
DoD	Department of Defense
DOE	Department of Energy
DDOS	Distributed Denial of Service
DOS	Denial of Service
DOS	Disk Operating System
EDV	Elektronische Datenverarbeitung
FAT	File Allocation Table
FBI	Federal Bureau of Investigation
FSB	Federalnaja Sluschba Besopasnosti
GE	General Electric
GPS	Global Positioning System
GRU	Glawnoje Raswedywatelnoje Uprawlenije

HUC   Honkers Union of China

IBM   International Business Machines Corporation
ICBM   Intercontinental Ballistic Missile
ID   Identity
IMS   Intercept Management System
IoT   Internet of Things
IRS   Internez Research Agency
ISDN Integrated System Data Network
ISP   Internet Service Provider

KGB   Komitet Gosudarstwennoj Besopasnostji
KI   Künstliche Intelligenz
KH   Key Hole

LAN   Local Area Network
LASER Light Amplification by Stimulated Emission of Radiation
LBL   Lawrence Berkeley Laboratory
LIFO Last in, first out
LLL   Lawrence Livermore Laboratory
LLNL Lawrence Livermore National Laboratory
LOC   Lines of Code
LSE   London Stock Exchange

MIT   Massachusetts Institute of Technology

MS   Microsoft
MSS   Chinesisches Ministerium für Staatssicherheit

NASA   National Aeronautics & Space Agency
NATO   North Atlantic Treaty Organisation
NCSC   National Computer Security Center
NIC   Network Information Center
NORAD   North American Aerospace Defense Command
NSA   National Security Agency
NYSE   New York Stock Exchange

PAL   Programmable Array Logic
PLA   Peoples Liberation Army

RES   Remote Control Equipment System

SAC   Strategic Air Command
SCADA   Supervisory Control and Data Acquisition
          Program
SMS   Short Message Service
SRI   Stanford Research Institute
SVR   Sluzhba Vneshney Razvedki
SWIFT   Society for Worldwide Interbank Finance
          Telecommunication

TCP/IP   Transmission Control Protocol/Internet Protocol
TRW   Thompson, Ramo, Woolridge

USB   Universal Serial Bus

VAX   Virtual Address EXtension

VMS   Virtual Memory System

VPN   Virtual Private Network

WSMR   White Sands Missile Range

WWW   World Wide Web

Anhang A.3: Glossar - Fachausdrücke kurz erklärt

Account
Der Bereich eines Benutzers auf einem Mehrplatzsystem. Ein *Account* ist in der Regel mit einem Kontingent an Speicherplatz und gewissen Rechten verbunden.

Akkustikkoppler
Ein Gerät zur Umsetzung der digitalen Signale eines Computers (0 oder 1) in die analogen Signale des Telefonnetzes.

Assembler
Ein Übersetzer, der aus dem Quellcode in Assembler eine Form des Programms erstellt, die von einem Computer ausgeführt werden kann. Der Ausdruck Assembler wird auch für den Quellcode solcher Programme gebraucht.

Asynchronous Attack
Ein Angriff auf ein Computerprogramm oder einen Prozess, dessen Daten sich zeitweilig in einem Wartezustand befinden.

Atrun
Ein Kommando des Betriebssystems UNIX.

Audit
Die Überprüfung der Anwendung und Wirksamkeit eines vorgegebenen Systems, zum Beispiel für die Sicherheit.

Baud
Eine Einheit zur Messung der Geschwindigkeit der Datenübertragung. Besser ist die Verwendung der Einheit Bits per Second oder kurz bps.

Bell Labs
Das Forschungszentrum von AT&T in New Jersey.

Big Blue
Synonym für IBM.

Bit
Die kleinste Einheit einer elektronischen Rechenmaschine.
Ein Bit hat entweder den Wert Null oder Eins.

Boot Sector
Ein bestimmter Bereich auf der äußersten Spur einer Diskette.
Sie wird auch Spur Null genannt.

Botnet
Ein durch fremde Dritte, oftmals Hacker, kontrolliertes
Netzwerk.

Byte
Acht Bits.

C
Eine maschinennahe, höhere Programmiersprache.

Compiler
Ein Programmübersetzer: Der Compiler erzeugt aus dem
Quellcode einer höheren Programmiersprache ein Programm,
das für eine bestimmte Maschine ausführbar ist
(Maschinencode oder Binary).

Core Wars
Ein Spiel, bei dem es darum geht, die Kontrolle über einen
Computer zu gewinnen und Programme des Gegners zu
vernichten. Anfänge der Technik von Virenprogrammen.

Covert Channel Analysis
Die Analyse eines Betriebssystems in Bezug auf verborgene Informationskanäle.

Cracker
1. Ein böswilliger Hacker.
2. Ein Teilnehmer an DFUE-Netzen, der unerlaubt in Datennetze einbricht.
3. Jemand, der Passworte knackt.

Cyber Space
Ein virtueller Raum, etwa der nicht genau definierte Raum, in dem ein Telefongespräch stattfindet.

Data Diddling
Eine Manipulation von Daten im Umfeld der eigentlichen EDV, um damit wirtschaftliche Vorteile zu erlangen.

Data Vault
Gesicherte und klimatisierte Lagerräume zur Aufbewahrung von Datenträgern.

DATEX-L
Ein Netz der Bundespost zur Datenfernübertragung. Während der Datenübertragung besteht dabei ein physikalischer Punkt zu Punkt Verbindung zwischen Sender und Empfänger wie beim Telefonieren.

DATEX-P
DATEX-P steht für DATA EXchange in Packages. Es handelt sich um ein Fernmeldenetz der Bundespost, das ausschließlich für die Datenfernübertragung benutzt wird. DATEX-P benutzt im Gegensatz zu DATEX-L eine virtuelle Verbindung.

Disassembler

Ein Werkzeug, um aus dem ausführbaren Code (binary) oder dem Objektcode eines Programms den Quellcode in Assembler zu erzeugen.

Dedicated Application
Eine Anwendung mit begrenztem Nutzerkreis. Dabei wird argumentiert, dass ein Passwort unnötig sei.

Discretionary Access Control
Das Einräumen von Rechten auf eine Datei durch den Benutzer für einen Dritten.

Dump
Der Ausdruck des Hauptspeichers eines Computers, meistens in hexadezimaler Form.

Electronic Mail (E-Mail)
Eine Form der Kommunikation, die ähnlich wie die Briefpost funktionieren soll und sich dabei elektronischer Medien und öffentlicher Netze bedient. Verschickt werden eher Postkarten als Briefe.

Ethernet
Ein Typ eines lokalen Netzwerks (LAN).

Exploit
Ein Fehler oder eine Schwäche in einem Betriebssystem oder anderer Software, die für Angriffe durch Hacker ausgenutzt werden kann.

Fedwire
System zur elektronischen Abwicklung von Zahlungen zwischen den Banken der USA.

Host
Ein Computer, der als Gastrechner fungiert.

Honey Pot
Honigtopf. Spielmaterial für einen Hacker, das in einem oder mehreren Verzeichnissen zum Kopieren angeboten wird.

Impersonation
Die Vortäuschung einer fremden Identität gegenüber einem Betriebssystem, einem Computer oder einem Überwachungssystem.

Information Flow Analysis
Die Analyse eines Betriebssystems in Bezug auf verborgene Informationskanäle.

Internet
Ein ursprünglich US-amerikanisches, inzwischen weltweites Kommunikationsnetz.

ISDN
Integrated Services Digital Network: Ein breitbandiges Netz der Post zum Telefonieren und zur Übertragung von Daten und Graphiken.

KH-11
Ein Spionagesatellit der USA. KH steht für *key hole*.

Leakage
Das Anzapfen bzw. Abhören von Daten oder Informationen in indirekter Form, zum Beispiel das Ermitteln einer Rufnummer

durch die Messung der Zeit, die durch das Zurücklaufen der Wählscheibe vergeht.

Logfile
Eine Datei zur Aufzeichnung bestimmter (sicherheitsrelevanter) Vorgänge in einem Computersystem.

Logic Bombs
siehe Zeitbomben.

Mandatory Access Control
Die Vergabe von Zugriffsrechten auf die Objekte eines Systems durch den Sicherheitsverantwortlichen oder Systemverwalter.

Mailbox
Ein Briefkasten auf einem Computer, also technisch ein Bereich zum Speichern und Abrufen von Daten.

MODEM
Abkürzung für MOdulator-DEModulator. Ein Umwandler von digitalen Daten eines Computers in die analogen Signale des Telefonnetzes und umgekehrt.

OPTIMIS
Eine Datenbank des Pentagons.

Parity Bit
Ein Kontrollbit bei der Datenübermittlung.

Pascal
Eine moderne, höhere Programmiersprache. Benannt ist die Sprache nach dem Mathematiker Blaise Pascal.

Passwort
Ein geheim zu haltendes Wort oder eine Zeichenfolge, die
Zugang zu einem Computer gewährt.

Patches
Ursprünglich Flicken, in der EDV meist gebraucht für Code in
Binärform, der einen schwerwiegenden Fehler im Code
schnell und kurzfristig beseitigen kann. Patches sind ein
Notbehelf in Krisen. Sie sollten wegen ihrer Undurchschaubar-
keit und der schlechten Kontrolle nur in sehr geringem
Umfang eingesetzt werden.

Phishing
Eine Technik, um durch das Vortäuschen einer anderen
Identität an Informationen eines Nutzers oder der Kunden
einer Bank zu kommen. Der Ausdruck enthält das Wort
fishing.

Piggybacking
Das Betreten eines gesicherten Bereiches im Gefolge einer
anderen Person, ohne dass die eigene Zugangsberechtigung
überprüft wird.

Redundanz
Das zwei- oder mehrfache Vorhandensein einer Komponente
eines Systems, um beim Ausfall einer Komponente die
Funktionsfähigkeit des Gesamtsystems gewährleisten zu
können.

Salamitaktik
Eine Technik, bei der verschwindend kleine Beträge gestohlen
werden, so dass die Tat zunächst völlig unentdeckt bleibt.

Scavenging

Ursprünglich Strandraub. In der EDV und deren Umfeld das Einsammeln von Daten, die eigentlich Abfall sind oder nur temporär existieren.

Silicon Valley
Gebiet südlich von San Francisco. Es ist das Zentrum der amerikanischen Halbleiterindustrie.

Spam
Ursprünglich minderwertiges Dosenfleisch. Wird inzwischen für unerwünschte E-Mails gebraucht.

Stack
Kellerspeicher: Ein Speicher, der nach dem Prinzip FIRST IN, LAST OUT (LIFO) funktioniert. Jeder Stack hat nur eine bestimmte Tiefe, die von Fall zu Fall verschieden sein kann.

Standard-Software
Computerprogramme, die im kommerziellen Rahmen vertrieben werden und einem Kreis von Kunden als lizenzierter Code zur Verfügung stehen.

Superuser
Der Systemverwalter unter dem Betriebssystem UNIX. Er hat gegenüber anderen Benutzern eines Systems erweiterte Rechte.

Superzap
Ein Werkzeug, das die Kontrollen eines Betriebssystems umgeht. Veränderungen an Daten und Programmen werden daher nicht aufgezeichnet, und die Durchführung der Änderung ist schwer nachweisbar.

Support
Die mit der Kundenbetreuung betraute Abteilung eines Anbieters für Software.

Time Sharing
Eine Eigenschaft des Betriebssystems eines Rechners, bei
dem die Ressourcen des Systems mehreren Benutzern quasi
gleichzeitig zur Verfügung stehen. Für den Benutzer eines
leistungsfähigen Rechners erscheint es so, also wäre er der
alleinige Benutzer.

Trapdoor
Ein absichtlich in ein Programm eingebauter verborgener
Eingang, mit dem später Daten gelesen, verändert oder
gelöscht werden können.

Trojanisches Pferd
Das Einbetten von zusätzlichen Instruktionen in Programme,
ohne das normale Abarbeiten dieses Programms zunächst zu
beeinträchtigen. Der zusätzliche Code kann jedoch für
kriminelle Zwecke eingesetzt werden, unter Umständen erst
nach relativ langer Zeit.

TYMNET
Ein amerikanisches Kommunikationsnetz, ähnlich dem
DATEX-P-Netz.

Utility
Ein Werkzeug oder Hilfsprogramm.

Whistleblower
Eine Person, die auf einen Missstand in einer Firma oder
Behörde aufmerksam macht und dabei Risiken in Kauf nimmt,
etwa den Verlust seines Jobs.

Wiretapping
Das Anzapfen von Leitungen, zum Beispiel Telefonkabel oder
Koaxialkabel.

Würmer
Programme meist bösartiger Natur, die über Netzwerke
übertragen werden und auf den erreichten Gastrechnern
erneut übersetzt werden. Würmer benötigen im Gegensatz zu
Virenprogrammen nicht unbedingt immer die gleiche
Umgebung, um sich fortpflanzen zu können.

Viren
Computerprogramme, die die Fähigkeit zur Reproduktion
besitzen. Die meisten Viren sind bösartig.

Zeitbombe
Ein Computerprogramm, das nach einer gewissen Zeit oder
beim Eintreten gewisser Umstände eine bestimmte Aktion
durchführt. Meist sind diese Aktionen dann zerstörerischer
Natur.

Zeitdiebstahl
Der Verbrauch von Rechenzeit auf einer EDV-Anlage zu
eigenen Zwecken, also für nicht vom Betreiber der Anlage
genehmigte Rechenleistungen.

Stichwortverzeichnis

Ransom 109

Ransomware 109

RCBC (Bank) 144

Red Light District 96

Remote-Control Equipment System 62

RES 62

Resonance Frequency Attacks 81

Restfehler 154

Rutgers 91

Saakashvili. Mikheil 70

Salamitaktik 18

Salomon, Rick 96

Sandworm 87, 122, 130, 133, 134

Scan-V 133

Scavenging 18

Scheidler, Peter 10

SDI 26, 35, 36

Secret Service 139, 140, 163

Selenskyi, Wolodymyr 130

Seoul 148

Sepah (Bank) 89

SICPA (Tintenhersteller) 140

Silcock, Terence 141

SIPROTEC 86

Snowden, Edward 122

Social Engineering 51, 94

SOLAR SUNRISE 75

SpaceX 126

Spur Null 11

Stalin, Joseph 74

Starlink 126, 127, 128, 129, 130

Stimpy 76

Stoll, Clifford 22

Straße von Hormus 80

Stuxnet 11, 79, 82, 83, 84, 86, 162

Super-Dollars 139

Superzapping 18

SVR 74

SWIFT 144

Swimmer, Morton 57

T Mobile USA 94

Taiwan 118

Tan Dailin 115